BEI GRIN MACHT SICH IHR
WISSEN BEZAHLT

- Wir veröffentlichen Ihre Hausarbeit,
  Bachelor- und Masterarbeit

- Ihr eigenes eBook und Buch -
  weltweit in allen wichtigen Shops

- Verdienen Sie an jedem Verkauf

Jetzt bei www.GRIN.com hochladen
und kostenlos publizieren

Bibliografische Information der Deutschen Nationalbibliothek:

Die Deutsche Bibliothek verzeichnet diese Publikation in der Deutschen National-bibliografie; detaillierte bibliografische Daten sind im Internet über http://dnb.d-nb.de/ abrufbar.

Impressum:

Copyright © 2017 GRIN Verlag
Druck und Bindung: Books on Demand GmbH, Norderstedt Germany
ISBN: 9783668665712

Dieses Buch bei GRIN:

https://www.grin.com/document/417143

Sergio Soares

Lehren als Beruf. Zur Berufssituation der Grundschullehrer*innen und der "Doppelverantwortung" im Erziehungs- und Bildungsauftrag

GRIN Verlag

GRIN - Your knowledge has value

Der GRIN Verlag publiziert seit 1998 wissenschaftliche Arbeiten von Studenten, Hochschullehrern und anderen Akademikern als eBook und gedrucktes Buch. Die Verlagswebsite www.grin.com ist die ideale Plattform zur Veröffentlichung von Hausarbeiten, Abschlussarbeiten, wissenschaftlichen Aufsätzen, Dissertationen und Fachbüchern.

Besuchen Sie uns im Internet:

http://www.grin.com/

http://www.facebook.com/grincom

http://www.twitter.com/grin_com

Wissenschaftliche Hausarbeit im Rahmen der Ersten Staatsprüfung für das
Lehramt an Gymnasien im Fach Soziologie eingereicht dem Amt für
Lehrerbildung

- Prüfstelle Frankfurt am Main -

Lehren als Beruf.

Zur Berufssituation des Grundschullehrers

Verfasser:

Sergio Rafael Mendes Soares

———————————————————

Institut für Soziologie

Johann-Wolfgang-Goethe Universität Frankfurt am Main

Frankfurt am Main, 24.10.2017

Inhaltsverzeichnis

1 Einleitung

Für viele aktuelle weltliche Probleme werden gerne höhere Investitionen in den Bildungssektor als der beste Lösungsansatz propagiert. Als eine der führenden Exportnationen weltweit schneidet die Bundesrepublik Deutschland im Vergleich zu anderen Industrienationen auf bildungspolitischer Ebene oft deutlich schlechter ab. Die Gründe hierfür sind sicherlich vielfältig und komplex. Ausbleibende Investitionen in die Bildung, jahrzehntelange Ignoranz der sich verändernden Gesellschaft und damit einhergehend auch der neuen Anforderungen an alle Beteiligten des Bildungssektors und die unterschiedliche Herangehensweise der einzelnen Bundesländer werden oftmals als Gründe für das unbefriedigende Abschneiden deutscher Schüler[1] im internationalen Vergleich genannt. Unterhält man sich im privaten Umfeld über die oben beschriebenen Gründe, so kommt schnell die Sprache auf die Lehrerschaft, der in den Augen vieler Bürger ein Großteil der Verantwortung für das schlechte Abschneiden der deutschen Schüler zugeschrieben wird. Schlechte Bildungspolitik hin, fehlende Investitionen her, am Ende steht doch der Lehrer[2] vor der Klasse und soll den Schülern so viel wie möglich beibringen. Hierbei spielen die Umstände für einen großen Teil der Bevölkerung oft nur eine sehr untergeordnete Rolle bei der Beurteilung der Arbeit einer Lehrkraft. Dabei handelt es sich doch um eine Arbeit, die weit mehr als reine Wissensvermittlung ausmacht und die ohne Zweifel eine Vielzahl an Fähigkeiten und pädagogischer Kompetenzen voraussetzt. Dennoch werden schnell alte Klischees über faule, gleichgültige, überbezahlte Lehrer in die Diskussionen eingebracht, von den langen Ferien und dem Beamtenstatus in einigen Bundesländern, wie auch Hessen, einmal ganz zu schweigen. Jedoch ist es hier wichtig zu differenzieren, denn die Besoldung von Lehrern ist je nach Schulform und je nach Bundesland teilweise sehr divergierend. Im Vergleich zu anderen Lehrämtern verdienen Grundschullehrämter deutlich weniger.

Wie rechtfertigt sich dieser Unterschied? Dem Grundschullehrer wird doch, im Gegensatz zu Lehrern anderer Schulformen, ein besonderes Maß an

---

[1] *Schüler* impliziert während der gesamten Arbeit alle Geschlechter.
[2] *Lehrer* impliziert während der gesamten Arbeit alle Geschlechter.

‚Doppelverantwortung' durch Erziehungs- und Bildungsauftrag übertragen. Die Grundschule ist heutzutage als die wahre Gesamtschule zu bezeichnen, denn es nehmen dort aufgrund der Inklusion mittlerweile viele Kinder mit diversen Lernbeeinträchtigungen bis hin zu geistigen Behinderungen am Unterricht teil. Diese extreme Heterogenität in der Schülerschaft verlangt den Grundschullehrern eine noch ausgeprägtere Differenzierungsfähigkeit als Lehrern anderer Schulformen ab. Zudem prägt die Grundschulzeit einen Schüler und dessen weiteren schulischen Werdegang maßgeblich.

Zu Beginn dieser Arbeit soll in Kapitel 2 aufgezeigt werden, wie facettenreich und anspruchsvoll der Beruf des Lehrers ist und wie hoch die damit verbundenen Anforderungen und Erwartungen an den einzelnen Lehrer sind. Gleichzeitig wird die Bedeutung dieses Berufsstandes innerhalb der Gesellschaft im Hinblick auf deren Bildung und Persönlichkeitsentwicklung thematisiert, sowie auf unterschiedliche Beweggründe für die Berufswahl Lehrer verwiesen.

Kapitel 3 soll darlegen, was neben dem reinen Unterrichten auch außerhalb der Schule noch an Aufgaben und Belastungen für einen Lehrer anfallen. Im Anschluss daran soll in Kapitel 4 zunächst ein kurzer geschichtlicher Rückblick auf den Lehrerberuf des Nachkriegsdeutschlands bis in die 1990er Jahre gegeben werden, um aufzuzeigen, dass dieser Berufsstand von jeher unter gesellschaftlicher Beobachtung stand und mit den unterschiedlichsten Bedingungen und Erwartungshaltungen zu kämpfen hatte. Anschließend wird sich mit heutigen Erwartungshaltungen unterschiedlicher gesellschaftlicher Gruppen beschäftigt.

Ausgehend von diesem theoretischen Hintergrund soll anschließend im empirischen Teil der Arbeit die Berufssituation des Grundschullehrers in Hessen aus Sicht zweier Grundschullehrerinnen dargestellt werden. Hier werden persönliche Sichtweisen auf den Lehrerberuf anhand zweier durchgeführten Interviews aufgezeigt. Dabei soll geschildert werden, mit was für An- und Herausforderungen, Vorurteilen und Belastungen sie tagtäglich konfrontiert sind.

Abschließend wird in einem persönlichen Fazit Stellung zu den gewonnenen Erkenntnissen genommen.

Ableitend auf dem Wege der Entscheidungsfindung für das Examensthema ergibt sich folgende Forschungsfrage für die vorliegende Arbeit: „Wie stellt sich die Berufssituation des Grundschullehrers in Hessen dar?"

2 Gedanken zum Beruf des Lehrers

Kaum ein Beruf polarisiert so sehr wie der des Lehrers. Hierzulande besuchte schließlich jeder im Laufe seines Lebens für mehrere Jahre eine Schule und traf in dieser Zeit auf zahlreiche Lehrerpersönlichkeiten mit den unterschiedlichsten Motivationen, Berufsauffassungen und Lehr- und Unterrichtsmethoden. Aus diesem Grunde behaupten nicht wenige zu wissen, was einen guten Lehrer ausmacht und was nicht. Fast jeder Erwachsene hält sich für kompetent, die Arbeit eines Lehrers beurteilen zu können. „Es gibt keinen vergleichbaren Beruf, der so im Leben aller Menschen eine Rolle spielt."[3] Schüler dagegen sind sich aufgrund ihrer einseitigen Perspektive oft nicht des gesamten Aufgabenspektrums eines Lehrers bewusst.

Im besten Fall schafft es ein Lehrer, dass „in möglichst kurzer Zeit möglichst viele Schüler möglichst viel Richtiges und Wichtiges möglichst gründlich möglichst selbstständig möglichst gern lernen [...]."[4]

Die hier genannten Punkte Dörings sollen die Vielfältigkeit des Lehrerberufs näher beleuchten:

1. Beim Lehrerberuf handelt es sich um einen *akademischen Beruf*, der eine Hochschulausbildung mit fachwissenschaftlichen und sozialwissenschaftlichen Kenntnissen verlangt.

2. Der Lehrerberuf ist ein »*Kulturberuf*« für die Enkulturation und Bildung der heranwachsenden Generation.

3. Der Lehrerberuf ist ein »*Gesellschaftsberuf*«, der politische, ökonomische und soziale Implikationen enthält und von daher unter der Interessenwirkung verschiedener gesellschaftlicher Gruppen steht.

---

[3] Flitner 1990: S. 18, zit. nach Ulich 1996: S. 18.
[4] Schreckenberg 1984: S. 16.

4. Der Lehrerberuf ist ein ethisch ausgerichteter »*Sozialberuf*« mit pädagogischen und psychologischen Implikationen: Lehrer nehmen Einfluss auf die Schüler.

5. Der Lehrerberuf ist weiter ein »*didaktischer Beruf*« für die Organisation und Durchführung von Unterricht mit dem Zweck des Lernens der Schüler.

6. Schließlich ist der Lehrerberuf ein »*bürokratischer Beruf*«, da er neben seiner Erziehungsaufgabe auch bürokratisch-beaufsichtigende Tätigkeiten enthält.[5]

Die Tätigkeit des Lehrers wird also geprägt von curricularen Richtlinien, Wissensvermittlung, Erziehung und davon, Schülerleistungen benoten zu müssen.[6]

Unbestritten bietet der Beruf aber auch zahlreiche positive Aspekte, die sich an der nach wie vor sehr hohen Zahl an Einschreibungen für das Lehramtsstudium zeigen und die sich nach Barth[7] (1992), am Beispiel von Grund- und Hauptschulen, wie folgt aufzeigen lassen:

Darstellung 1:Vorzüge des Grund- und Hauptschullehrerberufs (nach Barth 1992)

1.	Umgang mit jungen Menschen	27%
2.	Relativ viel Selbstständigkeit in der Berufsausübung	22%
3.	Anregende, abwechslungsreiche Tätigkeit	18%
4.	Sichere, unkündbare Stellung	9%
5.	Verhältnismäßig viel Freizeit	9%
6.	Möglichkeiten für Teilzeitbeschäftigung	5%

Unter Betrachtung der vorab genannten Gründe, die viele dazu ermutigt haben diesen Beruf zu ergreifen, fallen sehr unterschiedliche, aber insgesamt gesehen doch recht komfortable Beweggründe auf:

- viele Ferien und damit verbunden mehr Freizeit;
- der nach und nach sinkende Vorbereitungsaufwand, bedingt durch die wachsende Berufserfahrung und des vermeintlich immer mehr oder minder gleichen Unterrichtsstoffes;
- die soziale und wirtschaftliche Absicherung (regelmäßige Bezahlung, Beamtenpension);

---

[5] Döring 1989: S. 351f., zit. nach Ulich 1996: S. 17f.
[6] vgl. Ulich 1996: S. 23.
[7] Barth 1992, S. 94, zit. nach Ulich 1996: S. 26.

- der Wunsch, mit Kindern und Jugendlichen zu arbeiten und ihnen zu helfen und sie zu fördern;
- oder aber Lehrervorbilder aus der eigenen Schulzeit.[8]

Trotz dieser hinreichend bekannten Vorteile, bleibt offen, ob sich die Mehrheit der Erstsemester bei Antritt ihres Studienganges tatsächlich über die hohen gesellschaftlichen Anforderungen und täglichen Belastungen im Berufsalltag eines Lehrers im Klaren sind oder, ob sie doch vielmehr die an sie gestellten grenzenlosen Ansprüche häufig schlicht unterschätzen.[9] Für viele sind die Beweggründe ihrer Wahl leider auch ein Mangel an Alternativen oder vergangene, nicht zufriedenstellende Studienerfahrungen, die sie schließlich in das Lehramtsstudium führen.

Diese teils falschen Einschätzungen der Anforderungen des Lehrerberufes im Allgemeinen und der individuellen Herausforderungen an den einzelnen Lehrer im Besonderen sind insofern problematisch, als dass sich Schule bedingt durch gesellschaftlich-kultureller Wandlungsprozesse stetig verändert und schon lange über den Status einer reinen Unterrichtsanstalt hinausgeht.[10]

Der Wandel in der Gesellschaft ist unübersehbar. Die Ungewissheit über die eigene Lebensplanung, die wachsende Heterogenität der Gesellschaft, die zunehmend geforderte autonome Urteils- und Handlungskompetenz sowie der Umgang mit Multikulturalität verändern und erhöhen auch zwangsläufig die Anforderungen an die heutigen Lehrer. Dem schließen sich eine gestiegene Abstraktheit und Anonymität der Wirklichkeitsbezüge an. Hinzu kommen nach wie vor ungelöste Probleme wie zunehmender Rassismus und wachsende Gewaltbereitschaft, die auch vor Schulen nicht haltmachen. Auch die Lernbedingungen der einzelnen Schüler unterscheiden sich mehr und mehr.[11]

In Hessen, aber auch bundesweit, hat die Politik auf die vorab dargelegten Veränderungen reagiert und Schule von nun an per Erlass auch als Erziehungsstätte mit zunehmend pädagogischen beziehungsweise erzieherischen Aufgaben definiert. Zynisch gesprochen hat man den ‚Schwarzen

---

[8] vgl. Schreckenberg 1984, S. 116-118.
[9] vgl. Flaake 1989 S. 116ff., zit. nach Ulich 1996: S. 27.
[10] vgl. Terhart 2000b: S. 77f.
[11] vgl. DGfE 2000: S. 20f.

Peter' an die Institution Schule und somit an die Lehrer weitergegeben. „Lehrer aller Schulstufen sehen sich vor die Herausforderung gestellt, verstärkt Erziehungs- und Beziehungsaufgaben übernehmen zu müssen."[12]

Sind Lehrer dazu in der Lage? Können sie dazu überhaupt in der Lage sein? Hierzu eine Stellungnahme aus einem Leserbrief des *Spiegels*:

> Wer von Lehrern nicht nur Vermittlung von Grundlagenwissen erwartet, sondern darüber hinaus, dass sie der Bildung den ihr zukommenden Stellenwert verschaffen, vernachlässigte Sozialisation der Kinder und Jugendlichen nachholen sowie den Erziehungsauftrag des Elternhauses übernehmen und nebenbei auch noch psychologisch oder gar therapeutisch tätig sind, ruft nach der Eier legenden Wollmilchsau.[13]

Dies wiederum wirft die Frage auf, was ein Lehrer anno 2017 für Fähigkeiten mitbringen sollte oder gar muss, um die neuen Anforderungen überhaupt erfüllen zu können.

2.1 Was ein Lehrer können muss

Wie unter Punkt 2 bereits ausführlich dargelegt, ist der Beruf des Lehrers ein sehr anspruchsvoller Beruf mit vielen divergierenden Anforderungen. Erwartungen und Ansprüche an Lehrer stammen hauptsächlich von Bezugsgruppen des Lehrers, die direkt mit ihm in Interaktion stehen. Diese Erwartungen gestalten das Lehrerbild und lassen Anforderungen an die Lehrertätigkeit erst entstehen.[14]

Aus den unterschiedlichsten Ecken der Gesellschaft gibt es Meinungen darüber, woraus die ideale Lehrerausbildung bestehen sollte. Zunächst wird in der Regel die fachliche Qualifikation der Lehrkräfte genannt. Die Deutsche Gesellschaft für Erziehungswissenschaft (DGfE) versteht hierunter „solides Fachwissen, welches sich auf entsprechende fachwissenschaftliche Studien gründet" sowie „die Kompetenz zu einem fächerübergreifenden und fächerverbindenden Unterricht"[15]. Die Kommission der Kultusministerkonferenz begründet einen

---

[12] Terhart 2000b: S. 78.
[13] Bellinghausen 2003: S. 14.
[14] vgl. Herzog / Makarova 2011: S. 63.
[15] DGfE 2000: S. 24.

qualitativen Wissensvorsprung der Lehrkraft gegenüber der Schülerschaft so, dass dieser langfristigen, konzipierten, nachvollziehbaren und angemessenen Wissenserwerb durch die Schüler bewirken muss. Es geht darum, für alle Schüler „je nach Alter, Lernvoraussetzungen und -bereitschaft, Interessen etc. […] [das] Sinnvolle auszuwählen und auf die Lernbedürfnisse der jeweiligen Schülergruppe umzuformen […].“[16] Hierfür benötige man ein „wissenschaftlich fundiertes und durchdrungenes Verständnis von fachbezogenen Lehr- und Lernprozessen und deren Voraussetzung und Bedingungen […].“[17]

Ewald Terhart spricht in diesem Zusammenhang von der „Kompetenz zur Organisation von Lernprozessen“ und fügt „die Fähigkeit zur Feststellung der aufgrund des Individualisierungsprozesses immer weiter auseinanderklaffenden Lernvoraussetzungen der Schüler“ und die daraus resultierende „Fähigkeit zur verstärkten Differenzierung der Lernwege“[18] an. Eine ausschließliche Wissensvermittlung sei ungenügend. Der Schüler muss darüber hinaus dazu bewegt werden, selbstorganisiertes Lernen, auch im Hinblick auf ihren beruflichen Werdegang durchzuführen.[19]

Die bisher genannten Kompetenzen fallen für die Kommission der KMK unter die Fähigkeit des ‚Unterrichtens‘.[20] Eine andere Schlüsselkompetenz sei das ‚Erziehen‘. Der Lehrer sei eine wichtige Bezugsperson und habe enormen „Einfluss auf die Persönlichkeitsentwicklung der Heranwachsenden […].“[21] Allerdings müsse zwischen der bewussten und der unbeabsichtigten Einflussnahme durch das Handeln von Lehrkräften unterschieden werden.

Auch die unbewusste Einflussnahme könne „einen funktionellen, pädagogisch vertretbaren Beitrag zur Integration der nachwachsenden Generation in die derzeitigen gesellschaftlichen Strukturen leisten […].“[22] Es müsse allerdings das Ziel sein, „sich der nicht bewusst erfolgenden Einflussnahmen bewusst zu werden und insofern den Anteil unbewusster Formen möglichst zu verringern

---

[16] DGfE 2000: S. 24.
[17] Terhart 2000: S. 49.
[18] Terhart 2001: S. 184.
[19] vgl. ebd. S. 185.
[20] vgl. Terhart 2000: S. 49.
[21] ebd. S. 50.
[22] ebd.

[…].“[23] Forderungen nach einem alleinigen Erziehungsauftrag der Schule und der Behebung gesellschaftlicher Probleme entgegnet die KMK wie folgt:

> Der Kontext der erzieherischen Einflussnahme an Schulen ist der Unterricht mit einem inhaltlich definierten Bildungs- und Erziehungsauftrag. Aufgabe der Schule bzw. der Lehrkräfte kann es nicht sein, Erziehungsrechte und -pflichten von Eltern zu übernehmen. Ebenso ist die Schule nicht als sozialpädagogische Einrichtung konzipiert. Lehrerinnen und Lehrer können nicht problematische Entwicklungen und Defizite reparieren, die anderenorts gesellschaftlich-kulturell verursacht wurden.[24]

Das machbare und umsetzbare ‚Erziehen‘ seitens der Lehrer erfordert eine höhere „Bereitschaft zur Zusammenarbeit mit den Eltern und dem weiteren sozialen Umfeld der Kinder und Jugendlichen“[25] und eine stärkere Kooperation mit außerschulischen Institutionen der Jugend- und Kulturarbeit sowie der Beratung und sozialen Hilfe.[26]

Ein ebenso bedeutsamer Teil der Lehrtätigkeit ist das „Diagnostizieren, Beurteilen und Evaluieren […].“[27] Vor allem Referendare und junge Lehrer empfinden dies anfangs als sehr schwierig und belastend[28], da man auf diese Weise maßgeblichen Einfluss auf den weiteren Lebensweg und mögliche Chancen nimmt. Hierdurch werden den Schülern Berechtigungen für Ausbildungs- und Berufswege erteilt.

Der nächste Aspekt in der Lehrertätigkeit stellt die Selbstevaluation dar. In unmittelbarem Zusammenhang mit dem Feststellen von Lernvoraussetzungen, der Beurteilung von Lernfortschritten und Rückmeldung darüber an die Schüler steht auch die Kontrolle des Lehrerfolgs. Auch Lehrkräfte haben sich Evaluationen zu stellen, diese zu interpretieren und so ihre beruflichen Kompetenzen in regelmäßigen Abständen zu überprüfen.[29] Zielführend ist in diesem Zusammenhang „die Fähigkeit und Bereitschaft zur Zusammenarbeit im Kollegium […].“[30]

---

[23] Terhart 2000: S. 50.
[24] ebd. S. 51.
[25] DGfE 2000: S. 25.
[26] vgl. Terhart 2001: S. 185.
[27] Terhart 2000: S. 52.
[28] vgl. Hirsch 1990: S. 195.
[29] vgl. Terhart 2000: S. 52.
[30] Terhart 2001: S. 184.

Neben Innovationsbereitschaft, der Fähigkeit zu langfristiger Planung (etwa einer kollegialen Erarbeitung eines Schulprogramms und Schulprofils)[31] und der Wahrnehmung schulexterner Fort- und Weiterbildungen, zählt die kollegiale Kommunikation und Kooperation zu den wichtigsten Faktoren der Qualitätssicherung und Weiterentwicklung der Arbeit an den Schulen.[32]

Flitner meint hierzu:

> Die Anforderungen, die an diesen Beruf gerichtet werden, sind ungeheuer. Kein Mensch kann sie erfüllen. Selbst wenn die Lehrerbildung eine ideale und voll wirksam wäre, sie reichte bei weitem nicht aus. Denn vieles ist offenbar gar nicht zu lernen, es geht an die Persönlichkeitsstruktur. Wer könnte schon Humor lernen oder Hilfsbereitschaft für Kinder, die man nicht mag?[33]

Zusätzlich zu einer durchstrukturierten Vorgehensweise, bedarf es auch flexibel mit plötzlich auftretenden Schwierigkeiten umgehen zu können und spontane Entscheidungen fachlicher, pädagogischer und organisatorischer Natur fällen zu können. Auf diese sei man größtenteils durch individuelle persönlichkeitsspezifische Möglichkeiten und Fähigkeiten vorbereitet.[34]

Kritiker bemängeln eine fehlende technische Kultur, aus allgemein anerkannten, empirisch fundierten, pädagogischen Praktiken und Prinzipien, das heißt professionelles Wissen. Dies hätte zur Folge, dass sie Handlungsmuster an den Tag legten, die ihrer Persönlichkeit und ihrem Erfahrungsschatz entsprächen. Ihr Unterricht basiere daher eher auf Gefühlen und Impulsen anstelle von Überlegung und Reflexion.[35]

Allerdings ist „der Umgang mit Kindern, die unterrichtet und erzogen sein wollen, […] kein absolut intuitiv ablaufender Prozess, der begabungsmäßig gesteuert wird. Lehrer sein kann und muss man lernen."[36]

Das wirft die Frage auf, ob und inwieweit es sich beim Lehrerberuf um eine Profession handelt oder nicht.

---

[31] vgl. DGfE 2000: S. 26.
[32] vgl. Terhart 2000: S. 53.
[33] Flitner 1990: S. 18, zit. nach Ulich 1996: S. 24.
[34] vgl. Brückner 2000, S. 277.
[35] vgl. Feiman-Nemser / Floden 1991: S. 55.
[36] Jendrowiak 1980: S. 118.

2.2 Professionalisierung

Klaus Ulich überprüft einige Professionskriterien daraufhin, ob diese auf den Beruf einer Lehrkraft zutreffen:

1. Berufsausübung auf wissenschaftlicher Grundlage,
2. lange Spezialausbildung,
3. altruistisch motivierte klientenbezogene Berufsausübung,
4. sorgfältige Kontrolle der Ausbildung und Ausübung des Berufs,
5. gut organisierte Berufsverbände, die über die Einhaltung berufsethischer Grundsätze wachen,
6. Autonomie der Berufsausübung.[37]

Ulich schlussfolgert, dass die ersten beiden Punkte sich mit dem Lehrerberuf decken und bei der Mehrheit der Lehrer eine altruistische Motivation vorliegt. Darüber hinaus findet eine Überprüfung der Berufsausbildung und -ausübung durch die staatliche Aufsicht statt. Eine selbstständige Berufspraxis ist durch die hierarchische Verteilung von Anordnungs- und Kontrollbefugnissen im öffentlichen Schulwesen allerdings stark reguliert.[38]

Jedoch ist die Arbeit eines Lehrers in Abhängigkeit zu seinem rechtlich geregelten Status als Beamter. Diese Tatsache deckt sich nicht mit dem Selbstverständnis eines professionalisierten Berufsstandes.[39] Aus diesem Grund gewährt Ulich dem Lehrberuf lediglich den Status einer „Semi-Profession"[40].

Das Ziel von Professionalisierung ist Beckmann zufolge:

> durch die Lehrer(aus)bildung akademisch gebildete, zu selbstständigem und verantwortlichem Handeln im Beruf befähigte Fachleute für Erziehung und Unterricht hervorzubringen, die in pädagogischer Verantwortung unter der Spannung von individueller Förderung des einzelnen Schülers und Wahrung des kulturellen und gesellschaftlichen Auftrags jeweils sachgemäß entscheiden können.[41]

Eine Schwierigkeit hierbei stellt die Neigung, Professionalisierung ausschließlich als Verwissenschaftlichung zu definieren und Lehrer anstatt auf

---

[37] Schwänke 1988: S. 25f., zit. nach Ulich 1996: S. 29.
[38] vgl. Ulich 1996: S. 30.
[39] vgl. ebd. S. 31.
[40] ebd. S. 30.
[41] ebd. S. 28.

ihre pädagogisch-didaktischen Kompetenzen, überwiegend an ihren fachwissenschaftlichen Kenntnissen zu messen.[42]

In diesem Zusammenhang fordert Süßmuth (1984), dass die Entwicklung von Professionalität die bloße Vermittlung von Fach- und Methodenwissen übersteigen müsse. Dies impliziert auch Fragen der Außen- und Selbsterwartung, den Wandel der beruflichen Identität und die Anerkennung veränderter institutioneller Umstände gegenüber Professionen, die nicht dem Staatswesen dienen.[43]

Auch Terhart betont, dass im Besonderen die pädagogische Professionalität neben der kognitiven auch eine soziale, personale, intuitive und kreative Dimension kennzeichne. Eine vollständige professionelle Kompetenz könne erst in einem längeren beruflich-persönlichen Lernprozess erlangt werden. „Diesen Entwicklungsprozess anzuleiten, zu begleiten und zu unterstützen ist die Chance und Aufgabe der Lehrer Aus- und Weiterbildung."[44]

3 Das Tätigkeitsfeld des Grundschullehrerberufs und mögliche Belastungsfaktoren

Nach den vorangegangenen Überlegungen über den Lehrerberuf, soll nun genauer das Tätigkeitsfeld des Lehrers und im Besonderen dem des Grundschullehrers thematisiert werden, der womöglich eine Sonderstellung inmitten der Lehrerschaft innehat.

3.1 Das Tätigkeitsfeld des Lehrers im Allgemeinen

Der Arbeitsplatz eines Lehrers verteilt sich, im Gegensatz zu den meisten anderen Berufen, auf zwei Orte; die Schule und sein Zuhause. Neben der täglichen Arbeit an der Schule, die mittlerweile bei vielen Lehrkräften bis spät

---

[42] vgl. Ulich 1996: S. 28f.
[43] vgl. Süssmuth 1984: S. 7f.
[44] Terhart 2001: S. 166f.

in den Nachmittag dauert, muss auch noch ein beträchtlicher Teil zu Hause verrichtet werden. Das dortige Arbeiten ist letztlich zeitlich flexibler und liegt in der eigenen Verantwortung des Lehrers. Es bleibt der Lehrkraft selbst überlassen, wie viel Zeit sie in Vor- und Nachbereitungen, für Korrekturen und Überprüfungsarbeiten investiert. Vieles wird oft am Wochenende erledigt, was dazu führt, dass der Erholungswert der eigentlichen Freizeit deutlich eingeschränkt wird.[45]

> Was viele Lehrer als Belastung empfinden. Man hat eigentlich kein freies Wochenende; und wenn man sich ein ganz freies Wochenende mal macht, dann hat man doch etwas Magenkribbeln, weil man genau weiß, montags geh' ich jetzt nicht so hundertprozentig vorbereitet in die Schule … Wenn ich am Freitag um 13 Uhr die Schule verlasse, ist erstens immer etwas nachzuarbeiten und zum zweiten schon wieder vorauszuplanen, vorauszudenken, und das erfordert einfach Arbeitszeit, die man am Wochenende einbringen muß. Viele Lehrer, und mir geht es auch so, haben dazu am Freitag Nachmittag häufig nicht die Kraft und die Lust. Wenn ich dann am Samstag nicht dazu gekommen bin, dann steht man am Sonntag schon mit einem etwas mulmigen oder flauen Gefühl auf, weil man weiß, heute muß ich unbedingt noch zwei oder drei Stunden für die Schule arbeiten. Für mich ist es eine große Belastung, je weiter ich das hinausschiebe...[46]

Außenstehende Kritiker lassen nämlich oftmals außer Acht, dass ein Großteil des anstehenden Arbeitspensums in der unterrichtsfreien Zeit geleistet wird. Dazu zählt vor allem die adäquate Vor- und Nachbereitung des Unterrichts. Dieser lässt sich jedoch ohne eine festgelegte Struktur, geeignete Methoden und sinnvoll ausgewählte Vorlagen und Arbeitsmaterialien nur sehr unzureichend gestalten.[47]

Nach dem Unterricht sollte die gehaltene Stunde in den Klassen zumindest kurz reflektiert werden:

- Sind die Planung und die Vorüberlegungen entsprechend verlaufen?
- Haben die Schüler Lernerfolge erzielt?
- Müssen manche Aspekte gegebenenfalls erneut aufgegriffen werden?
- Sind Differenzierungsangebote für bestimmte Schüler notwendig?
- Kam es zu Unterrichtsstörungen?

---

[45] vgl. Bründel / Bründel 2010: S. 46.
[46] Ulich 1996: S. 53.
[47] ebd.

Des Weiteren fallen spontane Vertretungsstunden für abwesende Kollegen in zum Teil unbekannten Klassen an, die nicht selten fachfremd unterrichtet werden müssen. Hinzu kommt der Austausch mit Kollegen in sogenannten Koordinationsteams für anstehende Unterrichtseinheiten und Klausuren sowie besondere Anlässe wie Klassenfahrten, Projektwochen, Schulfeste, Elternsprechtage, Elternabende usw.[48] Darüber hinaus agiert die Lehrkraft als erster Ansprechpartner und Berater der Schüler und auch deren Eltern. Er muss diese über bestimmte Leistungen, Fehlverhalten und Besonderheiten auf dem Laufenden halten und gegebenenfalls Verbesserungsmöglichkeiten aufzeigen.[49] Besteht bei einem Schüler die Gefahr des Leistungsversagens in einem oder mehreren Fächern, so muss ein Förderplan in Absprache mit dem Schüler und den jeweiligen Eltern erstellt werden. Hierfür bedarf es wiederum diagnostischer Kompetenzen, wie der genauen Beobachtung in den unterschiedlichsten Situationen und die gerechte, objektive Auswertung der jeweiligen Leistungen.[50]

Hinzu kommen, zumindest an kleinen Schulen, oft mehrere Pausenaufsichten pro Woche, in denen der Lehrer in der Regel direkt aus dem Klassenzimmer auf dem Schulhof erscheinen muss. Er hat auf die Einhaltung der Pausenregeln zu achten und ist aufgefordert, Streitigkeiten zu unterbinden oder zu schlichten, sich bei Bedarf um verletzte Kinder zu kümmern und vieles mehr.[51] Auch zu dieser Zeit gäbe es genügend andere Dinge für den alltäglichen Unterrichtsablauf vorzubereiten und zu erledigen.[52] Von einer kurzen Erholungsphase oder einem persönlichen Austausch mit Kollegen einmal ganz zu schweigen.

3.2 Grundschularbeit als Beruf

Im Vergleich zu Lehrern anderer Schulformen wird die Arbeit eines Grundschullehrers bis heute sehr unterschiedlich wahrgenommen und eingeschätzt:

---

[48] vgl. van den Berg 2005: S. 11.
[49] vgl. ebd. S. 10.
[50] vgl. ebd.
[51] vgl. ebd.
[52] vgl. Bründel / Bründel 2010: S. 45.

Einerseits werden hohe und höchste Erwartungen und Ansprüche an die Arbeit der Grundschullehrerinnen formuliert; Sie sollen den Übergang zwischen Elternhaus und Schule pädagogisch produktiv gestalten, sie sollen die Belastungen für die Kinder und Eltern mit diesem Übergang möglichst gering halten, sie sollen sich auf ein ebenso effektives wie humanes Unterrichten verstehen, sie sollen eine solide Wissens- und Lernbasis für die gesamte Schullaufbahn der Kinder vermitteln, sie sollen diagnostische Kompetenzen haben, um die je besondere Situation der Schulkinder erfassen zu können, sie sollen bestimmte Erziehungs- und Sozialisationsdefizite von Familien ausgleichen, sie sollen mit Eltern, Kollegen und anderen pädagogischen Einrichtungen kooperieren, sie sollen sich selbst in ihrer beruflichen Kompetenz und ihre Schule hinsichtlich ihres besonderen Profils fortentwickeln etc.[53]

Combe und Buchen untersuchten die Belastung von Lehrern, unter anderem an Grundschulen in West-Deutschland. Als Belastungsschwerpunkt wurde dort die individuelle Entwicklung und Lebensgeschichte der Schüler genannt. Es besteht auch aufgrund des jungen Alters der Schüler ein deutlich engeres Lehrer-Schüler-Verhältnis als an weiterführenden Schulen. Die Sorge um jeden einzelnen Schüler und dessen Lernbedürfnisse hat bei Grundschullehrern oberste Priorität. Eine besondere Belastung ist die nie enden wollende und jährlich von neu beginnende pädagogischen Arbeit des Grundschullehrers. Sie fühlen sich sehr verantwortlich für die Entwicklung jedes einzelnen Schülers, was zu einer hohen Eigenbelastung führt. Dieser Hauptbelastungsfaktor wächst durch generelle Zeitknappheit und die organisatorischen Aufgaben als Klassenlehrer weiter an. Im Vergleich zum Gymnasium wird eine wesentlich höhere pädagogische Leistung wie die der ausgeprägteren Differenzierung, der Wahrnehmung jedes einzelnen Schülers mit all seinen Problemen und seiner persönlichen Lerngeschichte abverlangt. Diese spezifischen Aufgaben des Grundschullehrers stellen den Schwerpunkt der Belastung dar.[54]

Durch die zunehmende Heterogenität in der Schülerschaft wird es zusätzlich erschwert, den enormen Erwartungen aller Seiten gerecht zu werden. Besonders an Grundschulen ist die Inklusion ein stetig wachsendes Phänomen in der Schullandschaft, was eine Studie der Bertelsmann-Stiftung aus dem Jahr 2015 bekräftigt: „Während der Inklusionsanteil […] in den Grundschulen 46, 9

---

[53] Terhart 2001: S. 130.
[54] vgl. Combe / Buchen 1996: 21 ff.

Prozent [...] beträgt, fällt er in der Sekundarstufe auf 29,9 Prozent [...]."[55] Hier wird ebenfalls deutlich, dass der Förderbedarf enorm gestiegen ist, „[s]o ist z. B. in Hessen zwischen 2008/09 und 2013/14 der Anteil exklusiv unterrichteter Schüler von 4,3 auf 4,5 Prozent angewachsen – parallel zum Anstieg der Inklusionsanteile von 11,0 auf 21,5 Prozent."[56] Jedoch weist Hessen auf nationaler Ebene damit den niedrigsten Prozentsatz auf.[57] Diese Entwicklung

> kann darin begründet liegen, dass ein sonderpädagogischer Förderbedarf in allgemeinen Schulen in dem Augenblick eher diagnostiziert wird, in dem daraus nicht länger ein Verweisen auf eine Förderschule folgt. Hinzu mag kommen, dass die Ressourcenverteilung bisher in der Regel an die Zahl der Kinder und Jugendlichen gekoppelt ist, bei denen ein sonderpädagogischer Förderbedarf diagnostiziert wurde.[58]

Dies kann ein voreiliges Abstempeln von ‚Förderschülern' mit sich ziehen, das sich zwar aus Sicht vieler Regelschulen positiv auf die Kapazitäten an Sonderpädagogen auswirkt, jedoch bleibt es für die sozial-emotionale Entwicklung der betroffenen Schüler zweifelhaft.[59]

Trotz der vorab geschilderten enormen Erwartungshaltung an die Arbeit eines Grundschullehrers existieren nach wie vor Vorurteile bezüglich der fachlichen Kompetenz desselben:

> Schon immer ist – verglichen mit anderen Lehrämtern v.a. der Sekundarstufen – der Status sowie die berufliche Expertise von Grundschullehrkräften vergleichsweise niedrig angesetzt worden. Das spezifisch Fachliche ihrer Arbeit und ihrer Qualifikation wurde und wird bezweifelt, ein spezifisches Fachwissen sei nicht vorhanden, es sei ein Beruf, der es mit einem Klientel zu tun hat – kleine Kinder -, welchem kein besonders hoher Status zukomme, der sehr hohe Anteil von Frauen wurde und wird z.T. immer noch [...] als „degradierender" Faktor bewertet, die Arbeit selbst wird als eine Art Beziehungsarbeit betrachtet, für die man keine Fachexpertise, sondern lediglich eine hohe pädagogische Gesinnung und ein Herz für Kinder haben müsse etc.[60]

Die Diskrepanz der vorab geschilderten Meinungen über Grundschullehrer lässt sich auch an der kürzeren Ausbildung und den geringeren Bezügen im Vergleich zu Lehrern der weiterführenden Schulen festmachen. Aufgrund dieser Tatsachen

---

[55] Klemm 2015: S. 6.
[56] ebd. S. 10.
[57] vgl. ebd. S. 30.
[58] ebd. S. 39.
[59] vgl. ebd.
[60] Terhart 2001: S. 130f.

genießt der Grundschullehrer eine Sonderstellung innerhalb der Lehrerschaft, die sich jedoch weder in der gesellschaftlichen Anerkennung noch in der Besoldung ausreichend widerspiegelt.

4 Der Beruf des Lehrers im Wandel der Zeit

Damit das Berufsbild des Grundschullehrers in seiner Gänze erfasst werden kann, ist ein historischer Rückblick notwendig. An dieser Stelle soll aufgezeigt werden, inwieweit sich der Lehrerberuf gewandelt und sein Status innerhalb der Gesellschaft entwickelt hat.

4.1 Nachkriegszeit bis 90er Jahre

Die Bedingungen und Gegebenheiten an nahezu allen Schulen in Deutschland waren unmittelbar nach Ende des Zweiten Weltkrieges in einem desolaten Zustand. Es herrschte ein „[…] materielle[r] und auch geistige[r] Notstand"[61]. Nach Enzelberger (2001) zeigt sich dies besonders in der Ausstattung der zerstörten oder zumindest maroden Schulgebäude. Diese konnte der Einhaltung der festgesetzten Standards nicht gerecht werden. Selbst einfachstes Schreibmaterial musste oft durch die Lehrer selbst beschafft werden:

> Manche Lehrer griffen zu Selbsthilfe und verteilten Tüten, unbedruckte Ränder von Zeitungen, einseitig beschriebene Geschäftsbriefe und Zeitschriften, sowie leere Kalenderblätter als Schreibpapier an die Schüler und Schülerinnen.[62]

Erst die Währungsreform ermöglichte wieder den Zugang und die Finanzierung von Heften und Schreibutensilien. Für Enzelberger, der sich dabei auf Köhle 1990 beruft, wurzelt der ‚geistige Notstand' in der Überalterung vieler Lehrkörper und in dem Umstand, dass ein noch größerer Teil an Lehrkräften von nahezu 90% durch die Entnazifizierung als ‚verwendungsunfähig'[63] eingestuft

---

[61] Enzelberger 2001: S. 188.
[62] ebd. S. 188.
[63] vgl. ebd. S.189.

worden war. Ein weiterer erschwerender Umstand war die Knappheit an Schulbüchern und Schreibutensilien.[64]

Besonders die Ideen der durch das Regime unterdrückten Gruppierungen waren nach der Befreiung vom Nationalsozialismus von bildungspolitischem Interesse. SPD, KPD und einige Lehrerverbände etwa setzten sich für ein Einheitsschulsystem, gleiche Bildungsmöglichkeiten für alle und besonders den Abbau des nationalsozialistischen Gedankenguts bei Lehrern und Schülern ein. Das gemeinsame Ziel dieser, von den Alliierten unterstützten Reformbewegung, war „[…] eine grundlegende Demokratisierung des deutschen Schulsystems, die auf Dauer eine aggressive, expansionistische und faschistische deutsche Politik verhindern helfen sollte"[65]. Aufgrund ihrer Erlebnisse und Erfahrungen mit dem Nationalsozialismus und der Entnazifizierung resignierten zahlreiche Lehrkräfte zu jener Zeit und wurden geradezu apathisch. Aufgrund der Einstufung als „[…] nicht mehr verwendungsfähig"[66] und der damit einhergehenden Arbeitslosigkeit verarmten viele dieser Lehrer.

Mit Inkrafttreten des Grundgesetzes der Bundesrepublik Deutschland im Jahre 1949 verringerte sich der Einfluss der Alliierten auf die deutsche Bildungspolitik. Zunächst kam es aufgrund des damaligen ‚Wirtschaftswunders' zum Erliegen dieser Reformbewegung, da an die „[…] Qualifikationen der Arbeitskräfte und das Schulwesen keine besonderen Anforderungen gestellt wurden […]."[67]

Auch auf die Anforderungen an die Lehrer der fünfziger Jahre blieben davon nicht unberührt. Da die Bundesrepublik Deutschland zur damaligen Zeit wirtschaftlich sehr gut aufgestellt war und zeitweise sogar Vollbeschäftigung erreicht wurde gab es nur wenig Grund, Ursachen für gesellschaftliche Probleme zu suchen oder sich zu beschweren.[68]

Obwohl der Lehrerberuf in den fünfziger Jahren ein hohes Prestige innehatte und es keinerlei Zweifel an seiner Autorität gab, stieg und fiel das Ansehen mit der jeweiligen Schulform. Das Ansehen eines Volksschullehrers lag zwar unter dem

---

[64] vgl. Enzelberger 2001: S. 188ff.
[65] ebd. S. 189.
[66] ebd. S. 190.
[67] ebd. S. 193.
[68] vgl. ebd. S. 203.

von Professoren, Ärzten und Regierungsräten, jedoch über dem von beispielsweise kaufmännischen Berufen und technischen Angestellten. Im Gegensatz dazu gehörte ein Gymnasiallehrer schon noch zum unteren Rand der oben genannten Spitzengruppe und somit um einiges höher als ein Volksschullehrer. Hieraus ergibt sich, dass „[...] der Volksschullehrer in den 1950er Jahren nicht viel weiter als im 19. Jahrhundert und Anfang des 20. Jahrhundert" [69] war. Der wesentliche Grund für diese Abstufung liegt in der damaligen Ausbildung der Gymnasiallehrer, die ein wissenschaftliches Studium an einer Universität beinhaltete und anschließend eine zweite, praktische Ausbildungsphase erfolgte.[70] Dem gegenüber stand der Beruf des Volksschullehrers, der diesem Zeitpunkt nach Auffassung der damaligen politischen Entscheidungsträger auch ohne akademische Ausbildung ausgeübt werden konnte.

Anfang der 60er Jahre waren nahezu alle Kriegsschäden beseitigt und das Bildungssystem in seiner ursprünglichen Form wiederhergestellt, sodass ein strukturierter Schulalltag wieder ermöglicht werden konnte.[71] Des Weiteren wurde von 1964 bis 1969 die Volksoberschule zur Hauptschule aufgewertet, um eine Schule des gesamten Volkes bereitzustellen, anstelle einer Schule für ausschließlich untere Bildungsschichten. Hinzu kam eine Reform bei der Volksschullehrerausbildung, die eine Verwissenschaftlichung und Verlängerung der Dauer implizierte. Die Besoldung blieb zwar unter der eines Studienrates, wurde aber insgesamt angehoben. Diese Reform beabsichtige sich von den „[...] kulturkritischen, volkstümlichen, überalterten und am praktischen Tun orientierten Bildungsidealen durch theoretisch-wissenschaftliche Inhalte den Anforderungen der Gymnasien und Realschulen anzunähern"[72].

Die Einsicht, dass das traditionelle, angestammte Begabungskonzept den Ansprüchen der fortschreitenden Modernisierung der modernen Lebens- und Arbeitswelt nicht mehr genügen würde, führte zum Austausch altertümlicher Bildungsinhalte durch neue theoretisch wissenschaftliche Bildungsinhalte in

---

[69] Enzelberger 2001: S. 199f.
[70] vgl. ebd. S.197.
[71] vgl. ebd. S. 195.
[72] ebd. S. 201f.

allen Schulformen.[73] Während der 1960er Jahre entstand durch den enormen sozialen Anstieg der letzten Jahrzehnte zusätzlich ein neuer Typ Volksschullehrer, der nicht mehr nur als ‚armer Dorfschulmeister' abgestempelt wurde, sondern als „[...] angesehener und gut situierter Berufsinhaber in einer gesicherten beamtenrechtlichen Position"[74] galt.

Trotz aller Innovationen und Reformen schwand das Ansehen der Lehrer zu dieser Zeit im Vergleich zu den Jahren zuvor. Es war das erste Mal, dass ein Studienrat nicht mehr zum unteren Rand der Spitzengruppe zählte, sondern gänzlich außerhalb der Oberschichtberufe (z.B. Arzt, Professor, Pfarrer) eingeordnet wurde. Im Gegensatz dazu genossen Volksschullehrer erstmals ein höheres Ansehen als Gymnasiallehrer.[75]

In den 70er Jahren, wurden neue Leitziele der Bildung ausgerufen. Diese sahen vor, dass alle sozialen, regionalen, konfessionellen und geschlechtsspezifischen Ungleichheiten abgebaut werden sollten. Hinzu kamen neben der Anhebung des Niveaus jeglicher Ausbildung, auch Demokratisierung, Humanisierung, Wissenschaftsorientierung, sowie ein Wandel von einem vertikalem hin zu einem horizontalen Schulsystem.[76] Ein vertikales Schulsystem (wie aktuell in Hessen) unterteilt die Schüler nach der vierten Klasse in verschiedene Schultypen. Ein horizontales, wie das der USA hingegen, vollzieht diese Trennung nicht und alle Schüler gleichen Alters durchlaufen dieselbe, geregelte Schulfolge.

Ein Großteil dieser Ideen ließ sich wegen verschiedener Gründe nicht finanzieren und wurde letztlich auch nicht mit der gleichen Priorität wie andere politische Themen, zum Beispiel die der Arbeitslosen- und Renten- sowie Energie- und Umweltpolitik jener Zeit, bedacht. Ein weiteres signifikantes Merkmal der 70er Jahre war der Einbruch der Schülerzahlen durch die Entdeckung der Anti-Baby-Pille und dem gleichbedeutenden sinkenden Bedarf an Lehrkräften.[77] Diejenigen, die beschäftigt waren, erfuhren gute Resonanz aus der Bevölkerung. Eine repräsentative Umfrage aus dem Jahre 1975 ergab, dass

---

[73] vgl. Enzelberger 2001: S. 325-327.
[74] ebd. S. 329.
[75] vgl. ebd. S. 224.
[76] vgl. ebd. S. 205.
[77] vgl. ebd. S. 209.

Lehrern einige positive Attribute zugeschrieben wurden. Es hatte den Anschein, dass sie die an sie gerichteten Anforderungen und Erwartungen erfüllen können.[78] Volksschullehrer waren in Umfragen noch immer vor Studienräten. Obwohl beide eine gute Resonanz in der Öffentlichkeit erhielten, sank das Ansehen beider Berufe enorm. Es wurde begonnen die Ausbildung der Volksschullehrer in die Universitäten zu implementieren, um das Niveau der Volksschullehrerausbildung anzugleichen. Ende der 1980er Jahre war dieser Prozess abgeschlossen und die Volksschullehrerausbildung war von diesem Tage an vergleichbar mit dem Niveau der Gymnasiallehrerausbildung.[79]

In den 1980er Jahren zeichneten sich die Arbeitsbedingungen für Lehrer vor allem durch einen schwer zugänglichen Arbeitsmarkt und prekäre Beschäftigungsverhältnisse aus: Volle Verantwortung bei schlechter Besoldung und befristeten Arbeitsverträgen. Ihre soziale Lage verschlechterte sich somit nahezu wieder auf das Niveau des „[…] armen Schulmeisters"[80]. Diejenigen mit einer Festanstellung hatten ein enormes Arbeitspensum von 45 oder 48 Stunden pro Woche zu bewältigen.[81] Der noch in den 1950er Jahren gut bezahlte Halbtagsjob hatte sich innerhalb von 30 Jahren stark verändert. Durch die bereits in den 1970ern angewandte restriktive Einstellungspraxis, ließen sich bereits in den 1980er Probleme erkennen, die selbst noch heute nachwirken. Durch den Einstellungsstopp beziehungsweise die sehr geringe Anzahl von Neueinstellungen, entstanden vielerorts überalterte Lehrerkollegien mit einem Altersdurchschnitt von 45 bis 60 Jahren. Diese Kollegien zeichneten sich nicht selten durch eine recht überschaubare Reformbereitschaft aus. „Die Kinder und Jugendlichen hatten es überwiegend mit einer Art 'Großeltern-Generation' zu tun, die eine produktive Auseinandersetzung unterschiedlicher Generationen nahezu unmöglich machten."[82] Hinzu kamen die schon damals sehr umfangreichen Anforderungen an Lehrer.[83]

> Die Tätigkeiten sind überkomplex, sie reichen vom gleichzeitigen Anspruch der
> Förderung und der Auslese über Stoffvermittlung, Erziehen, Motivierung,
> Disziplinierung, Individualisierung bis hin zur Steuerung von

---

[78] vgl. Barz / Singer 1999: S. 444.
[79] vgl. Enzelberger 2001: S. 325-327.
[80] ebd. S. 209.
[81] vgl. Gudjons 2000: S. 33.
[82] ebd. S. 39.
[83] vgl. ebd. S. 33.

Gruppenprozessen, - dies alles bei einem mit hohen Selbstanforderungen versehenen beruflichen Status, der im Vergleich mit anderen akademischen Berufsgruppen allenfalls eine mittlere Position in der Rangreihe einnimmt[...].[84]

Auch galt seit Beginn der 1980er die Lehrerpersönlichkeit nun als „[...] vernachlässigbare Größe in der Erziehung"[85]. Versuche die perfekte Lehrerpersönlichkeit als „[...] Bündel komplexer Persönlichkeitseigenschaften" zu finden, veränderten sich hin zu der Idee vom „[...] kompetenten Fachmann mit nur begrenztem Einfluss"[86]. Das nur sehr geringe Ansehen, welches der Lehrerberuf damals für sich beanspruchen konnte, führte sogar dazu, dass viele Lehrer angaben, nur ungern als solcher erkannt zu werden. Ihnen wurde häufig nachgesagt, sie seien „[...] besserwisserisch und belehrend, [...] verknöchert, lebensabgewandt oder hart und schließlich [...] beruflich wenig engagiert."[87]

In den 1990er Jahren wandelte sich die Rolle der Lehrer plötzlich elementar. Dieser Wandel wurzelte in der Forderung nach einem neuen Lehrerleitbild. Dieses wiederum erlangte seine Notwendigkeit bereits durch die in den 1970ern beginnende Bildungsexpansion und den neuen Sozialisations- und Lebensbedingungen innerhalb der Gesellschaft und somit auch innerhalb der Schülerschaft. Durch eine zunehmend heterogene Zusammensetzung der Lerngruppen stiegen die didaktischen und erzieherischen Ansprüche an die damaligen Lehrkräfte enorm. Ihnen wurde die Bekämpfung von neu entstandenen sozialen, regionalen, geschlechtsspezifischen und ethnischen Ungleichheiten abverlangt.[88]

> Sämtliche gesellschaftlichen Veränderungen im Bereich der Familienerziehung bzw. hinsichtlich der allgemeinen Bedingungen des Aufwachsens von Kindern in der Gesellschaft [...] wirken sich naturgemäß zuallererst in der Grundschule aus.[89]

Auch wenn primär das Unterrichten, sprich die reine Wissensvermittlung, die Hauptaufgabe eines Lehrers blieb, erweiterte sich ihr Aufgabenfeld um Bereiche wie Erziehen, Beraten und Beurteilen.[90] Die Idee einer stark autoritären

---

[84] Gudjons 2000: S.36.
[85] ebd. S. 41.
[86] ebd. S. 46.
[87] Enzelberger 2001: S. 227.
[88] vgl. ebd. S. 328.
[89] Terhart 2001: S. 134.
[90] vgl. ebd. S. 275.

Lehrerpersönlichkeit wechselte hin zur Idee eines kompetenten Fachmannes, dessen bis dato eher limitierter Einfluss auf Schüler stark an Bedeutung zulegte.

Alles in allem lässt sich festhalten, dass die Jahre 1950 bis 1990 von einem drastischen Niedergang des Lehrerprestiges geprägt waren. Dies gilt sowohl für den Grundschullehrer, als auch für den Studienrat. Bemerkenswert ist dennoch, dass der Grundschullehrer seit den 1960er Jahren in Umfragen im Ansehen konstant über dem Studienrat steht. Während sich das Prestige des Grundschullehrers erstmals wieder steigern konnte und annähernd die Werte aus den 1960er Jahren erreichte, sank das des Studienrates seit den 1990er Jahren kontinuierlich weiter.

4.2 Der Beruf des Lehrers in der heutigen Zeit

Da seit den 1990ern Jahren nunmehr fast dreißig Jahre vergangen sind und sich folglich in der Bildungslandschaft und somit auch im Lehrerdasein einige Veränderungen ergeben haben, ist ein Blick auf den Status Quo unabdingbar und in hohem Maße interessant.

4.2.1 Funktionen und Leistungen des Lehrerberufs

Was zeichnet nun einen ‚guten' Lehrer heutzutage aus?

> Ist er Erzieher, Lebenshelfer, Organisator von Lernprozessen, Therapeut, professioneller Altruist, Agent der Gesellschaft, Unterrichtsbeamter? Alles das ist er, ja irgendwie – aber eine professionelle Identität kann er nicht aus einer diffusen Verknüpfung aller denkbaren Erwartungen, aus der Abwehr von Kritik oder aus Allmachtsphantasien gewinnen – Professionalität fordert Spezialisierung.[91]

Diese Frage mithilfe von Zahlen und Fakten zu beantworten ist realistisch gesehen nur schwer durchführbar. Jede Schule, jedes Kollegium, jeder Jahrgang, jede Klasse und jeder Schüler haben ihre Besonderheiten und es gilt von daher täglich divergierende Anforderungen zu bewältigen. Hinzu kommen eigene Befindlichkeiten des Lehrers, die sicherlich auch eine nicht zu unterschätzende

---

[91] Beckmann / Brandt / Wagner 2004: S. 15.

Rolle spielen. Um sich als Lehrer möglichst gewinnbringend für die Institution Schule im Allgemeinen und die Schüler im Besonderen einbringen zu können, gibt es aber einige Grundpfeiler von Fähigkeiten und Voraussetzungen die gegeben sein müssen, sodass ein Lehrer letztlich auch ein ‚guter Lehrer' sein kann.

Jede Lehrkraft sollte in der Lage sein, die eigene Arbeit sinnvoll zu strukturieren. Sie sollte fähig sein, pädagogisch sinnvolle und motivierende Materialien für die jeweilige Lerngruppe zusammenzustellen. Sie sollte über ein hohes Maß an Flexibilität verfügen, um zeitnah auf unvorhergesehene Dinge im und außerhalb des Unterrichts reagieren zu können. Ein Lehrer sollte ein Gespür dafür haben, wann er sich stärker in Unterrichtsgespräche einbringen muss oder eher als Moderator fungieren sollte. Ein Klassenlehrer muss in der Lage sein, Schulklassen zu möglichst harmonischen und funktionierenden Lerngruppen zu formen, um neben individuellen Unterschieden und Fähigkeiten auch soziale Kompetenzen fördern zu können. Er sollte offen sein für neue Medien und aktuelle, seine Schülerschaft betreffende Themen. Er sollte die Interessen und Anliegen seiner Schüler ernst nehmen und in der Lage sein, mit Eltern aller sozialer Schichten zu kooperieren. Die Liste der Kompetenzen eines ‚guten Lehrers' ließe sich noch beliebig erweitern. Um den Ansprüchen eines ‚guten Lehrers' gerecht werden zu können, muss der heutige Lehrer mehr als je zuvor bereit sein, sich und seine Arbeit kritisch zu hinterfragen. Darüber hinaus ist die Bereitschaft zur Fort- und Weiterbildung unerlässlich. Die Lehrkraft ist also gefordert Eigeninitiative zu zeigen und sich aktiv in alle schulischen Abläufe und Belange einzubringen.

Trotz aller Unkenrufe und Science-Fiction-Szenarien in denen Schüler zu Hause vor Bildschirmen sitzen und von einem imaginären Lehrer unterrichtet werden, hat das noch junge 21. Jahrhundert gezeigt, dass der Lehrer eben nicht von neuen Technologien wie Internet oder Computer verdrängt werden konnte. Im Gegensatz zu diesen Technologien ist der Lehrer keine Aufgaben stellende Maschine, sondern ein soziales, interaktives Wesen, wie seine Schüler auch, das eben nicht von einem Computer ersetzt werden kann. Allerdings muss der Lehrer im 21. Jahrhundert genau der Spezialist werden beziehungsweise sein, dem er letztendlich entsprechen soll. Der Lehrer muss das Lernen des Lernenden organisieren und es positiv verstärkend begleiten.

Die Kompetenzen des heutigen Lehrers müssen sich demzufolge stark erweitern und dabei muss die Schule eine tragende Rolle bei der Bewältigung der neuen Aufgaben übernehmen. Es muss sich nicht nur die Qualität des Lehrers verbessern, sondern auch die der Schulen. Die Schule muss hierbei unterstützend einwirken und entsprechende Rahmenbedingungen schaffen. Mit veralteten Lehrwerken und maroden Computern, lassen sich nicht allzu viele innovative Ideen umsetzen. Denn nur wenn die Schule offen mit ihrer Umwelt und den Zeitverhältnissen umgeht, kann die Schule in der Zukunft besser verstanden werden. Deswegen muss ein Umdenken stattfinden, sodass der Schüler die Schule nicht mehr als Moratorium sieht, sondern als eine Art Begegnungsstätte, in der ihm sowohl beim Lernen als auch bei der eigenen Persönlichkeitsentwicklung geholfen wird. Der Lehrer von heute ist gefordert eine Vorbildfunktion einzunehmen und er sollte aufgrund seines Fachwissens und seiner natürlichen Autorität ein Partner sein, zu dem die Schüler aufsehen können. Ein kompetenter Lernpartner und kein Diktator im Klassenzimmer der ‚Macht' über sie hat, indem er Zensuren verteilt.

4.2.2 Erwartungen an den heutigen Lehrer und eines guten Unterrichts

Der heutige Lehrer soll sich nicht nur für spezielle Aufgaben in der Schule einsetzen, sondern der heutigen Schule gegenüber eine Verpflichtung haben, sich bei der Gesamtentwicklung der Schule einzusetzen. Der Lehrer selber kann allerdings meist nur die vorgegebenen schulischen Standards umsetzen. Leider sind viele schulische Standards unter dem Bewusstseinsniveau vieler Bildungsinstanzen. Deswegen schlug die OECD-Studie vor, schulische Standards zu formulieren, um somit die schulischen Aktivitäten zu präzisieren. Doch die deutsche Bildungspolitik hat diese Botschaft bisher ignoriert. Solange es nicht die internationalen Vergleichsstudien gab, konnte die deutsche Bildungspolitik somit ihren alten Weg fortschreiten. Doch mit der PISA-Studie wurde die fehlgeleitete deutsche Bildungspolitik dokumentiert und öffentlich gemacht. Dabei konnten die Lehrer meist nicht dafür verantwortlich gemacht werden, da sich diese letztlich nur an die vorgegebenen Lehrpläne gehalten und keine allzu große Flexibilität in der Berufsausübung hatten, um großräumige

Veränderungen bewirken zu können. Für die Formulierung klarer Bildungsstandards liegen eine Menge an Argumenten vor, wie die Re-Professionalisierung des Lehrerberufs von statten gehen könnte. Die Bildungsstandards müssen klar formuliert sein, damit Lehrer, Schüler und Eltern genau wissen, was gelernt werden muss, um das Bildungsziel zu erreichen. Um einen Bildungsstandard zu erreichen, sollen Tests eingeführt werden, mit denen der Wissensstand ermittelt werden kann. Diese Tests werden zentral vom Kultusministerium des jeweiligen Bundeslandes festgelegt. Allerdings muss bei den Tests die beschränkte Aussagekraft im Blick behalten werden. Wenn Schüler in ihrem Klassenverband den Leistungsanforderungen nicht genügen, müssen diese die Schulart wechseln oder sie werden durch entsprechende Fördersysteme individuell unterstützt. Denn nicht nur die Schüler benötigen Hilfe, wenn sie die geforderten Standards nicht erreichen, sondern auch die Lehrer und die Schulen benötigen dabei Unterstützung. Allerdings ist eine spezielle Förderung immer ressourcenintensiv, was mehr Geld, bessere Organisation, mehr Personal und zunehmend Zeit bedarf. Bleibt eine entsprechende Förderung aus, hat dies negative Konsequenzen für den angestrebten Bildungserfolg der Schüler. Einer der wichtigsten Faktoren ist die Lehrerbildung und Fortbildung. Hierbei muss sich besonders an Bildungsstandards orientiert werden. Wenn die Schulen eine klare Linie bei den Bildungsstandards vorgeben, können die Reformen eine Verbesserung der Lehr- / und Lernbedingungen herbeiführen und darlegen, was die Institution Schule leisten kann und soll.

4.2.3 Erwartungen an den heutigen Lehrer aus Sicht der Schüler

Die mit Abstand wichtigste Bezugsgruppe von Lehrern sind Schüler. Auch wenn diese nicht befugt sind, Anforderungen an den Lehrerberuf zu stellen, nehmen ihre Erwartungen dennoch bedeutsamen Einfluss auf das Lehrerleitbild. Für Schüler ist ein guter Lehrer fachlich kompetent, hält interessanten Unterricht, erklärt gut und hat eine gute Beziehung zu seinen Schülern.[92] Zudem soll er Geduld und Humor mitbringen, beim Lernen unterstützen und freundlich und

---

[92] vgl. Gudjons 2006: S. 66.

gerecht sein. Er muss aber auch Kritik ertragen, Probleme erkennen und Schüler aktiv in Unterricht sowie in unterrichtlichen Entscheidungen involvieren.[93] Schülererwartungen stehen also hauptsächlich im Zusammenhang mit einem gelingenden Unterricht und einer intakten Lehrer-Schüler-Beziehung. Bis heute sind Lehrerpersönlichkeit und die Lehrerrolle als Beziehungsarbeiter und Unterrichtsexperte wichtige Aspekte hinsichtlich der gestellten Ansprüche. Hinzu kommt die Aufgabe als „Vermittler im sozialen Zwischenraum"[94]. Das kommt daher, dass Schulen selbst an Werten einer modernen Gesellschaft ausgerichtet sind. Schüler erwarten jedoch von ihrem Lehrer familiäre Züge, wie Empathie. Der Lehrer ist somit Bindeglied von Familie und Gesellschaft.[95]

4.2.4 Erwartungen an den heutigen Lehrer aus der Sicht der Politik

Als Bediensteter des Staates unterliegen Lehrer gewissen staatlichen Zwängen. Es ist in seinem und dem Interesse unterschiedlichster politischer Gremien den Berufs- und Amtsauftrag von Lehrern festzulegen und zu beeinflussen.[96] Bei politischen Formulierungen der Anforderungen an Lehrer wird im Besonderen auf aktuelle gesellschaftliche Veränderungen Bezug genommen. Aus diesem Grunde sind Lehrer dazu angehalten, ihre Tätigkeit dem gesellschaftlichen Wandel anzupassen. Durch die wachsende Heterogenität der Schülerschaft entsteht an Lehrer neben neuen didaktischen Ansprüchen auch die Notwendigkeit der sozialen Integration der Schüler.

Die hohen Erwartungen der Politik an Lehrer scheinen kein Ende zu finden. Es wird erwartet:

- soziale Konstruktionen von Differenz zu erkennen und diese zu hinterfragen,
- Konsequenzen der Migration für den Unterricht antizipieren zu können,
- Mechanismen, die zu Ausgrenzung oder Diskriminierung führen, zu durchschauen

---

[93] vgl. Gudjons 2006: S. 67.
[94] ebd.
[95] vgl. ebd.
[96] vgl. Herzog / Makarova (2011): S. 73.

- über ein Sammelsurium an individualisierenden und differenzierenden Unterrichtsmethoden zu verfügen,
- Lernatmosphären zu gestalten, die einer heterogenen Gemeinschaft gerecht werden.[97]

Für Lehrer wurden sogenannte *Bildungsstandards* eingeführt, „die absolut notwendiger Weise angeeignet werden müssen"[98].

> Alle Bundesländer, so auch Hessen, haben sich verpflichtet, die nationalen Bildungsstandards als Grundlage für den Unterricht zu übernehmen und im Rahmen der Erarbeitung landesspezifischer curricularer Vorgaben, der Unterrichtsentwicklung und der Lehrkräftefortbildung zu implementieren und anzuwenden.[99]

Allerdings beruhen diese Standards auf einer ziemlich dürftigen theoretischen Basis und weisen grobe Mängel an empirischer Absicherung auf.[100] Sollten diese Standards der Maßstab für die Anforderungen an Lehrer sein, wird es aufgrund von stark überhöhter und idealistischer Anforderungen hoch problematisch.[101]

4.2.5 Das Bild in der Öffentlichkeit im Gegensatz zur eigenen Wahrnehmung

„Würde der Lehrer sich umschauen, sähe er sich umringt von Menschen, die für Geld alles tun würden – sogar arbeiten."[102] Dieser Zynismus der Autorin Lotte Kühn in ihrem *Lehrerhasser-Buch* deutet die Ausmaße der vermeintlichen Faulheit eines Berufsstandes an, der nicht erst seit der Diskreditierung des Bildungssystems im Zuge der Pisa-Studie einigen Hohn und Spott über sich ergehen lassen muss. So pflichtet die Autorin dem allgemeinen Missmut über die Leistung der deutschen Pädagogen bei und unterstützt dieses mit ihrem Beitrag obendrein. Es stellt sich jedoch die Frage, ob Kühns Ausführungen tatsächlich die öffentliche Meinung repräsentativ widerspiegelt oder die vorgebliche Allgemeingültigkeit auf ihren pauschalisierenden und Schreibstil zurückzuführen ist: „Ist die veröffentlichte Meinung auch die Meinung der

---

[97] vgl. Herzog / Makarova 2011: S. 73.
[98] ebd. S. 73f.
[99] Hessische Lehrkräfteakademie 2017.
[100] ebd.
[101] vgl. Nieskens 2009: S. 32.
[102] Kühn 2005: S. 95.

Öffentlichkeit?"[103] Wenn dem so sei, was wären dann die Ursachen für das schlechte Bild? Wie wirkt es sich auf die Leistungsbereitschaft und das Selbstbild der Lehrer und auf die Berufswahl angehender Studierender aus?

Für eine fundierte Äußerung zur öffentlichen Meinung zum Berufsstand Lehrer dient die repräsentative Meinungsumfrage des Allensbacher Instituts für Demoskopie, welches in mehrjährigen Intervallen eine solche zur Berufsprestige-Skala durchführt.[104] Die Probanden wählen hierbei in einer vorgefertigten Liste jene fünf Berufe aus, die sie am meisten achten. Entgegen des vermeintlichen Prestigeverlustes zeigte das Ergebnis aus dem Jahre 2013 einen Imagegewinn um 13% seit 2001 an. Der Berufsstand Lehrer landet somit auf dem vierten Platz, hinter Ärzten, Krankenschwestern und Polizisten.[105]

In der Allensbach-Studie zum Lehrerberuf von 2012 gaben knapp 71% der Lehrkräfte an, überwiegend Freude an ihrem Beruf zu haben, 53% befanden ihn sogar als attraktiv, dahingegen lediglich 38% als weniger attraktiv.[106]

Neben der stärkeren Praxisorientierung im Studium mag die verstärkt positive Berichterstattung der letzten Jahre zu diesem Ergebnis beigetragen haben und, dass diese Lehrer sich selbst und ihre Arbeit wieder als bedeutenden Beruf erachten. Der gestiegenen Anforderungen und der teilweise deutlich zu großen Klassen zum Trotz sind die Lehrer mit der Situation insgesamt recht zufrieden. Trotz des gestiegenen Ansehens und des großen Respekts vor den Herausforderungen des Lehrerberufs seitens der Bevölkerung, mangelt es dennoch an Anziehungskraft dieses Berufs.[107]

Der *Global Teacher Status Index* aus dem Jahr 2013 hingegen verdeutlicht das vergleichsmäßig schlechte Ansehen deutscher Lehrer in der Gesellschaft, indem Deutschland Platz 16 mit einem Index von 21,6 belegt. Gleichzeitig ergab diese Studie allerdings auch, dass trotz der geringen Wertschätzung des Lehrers in der Gesellschaft, zwischen Grundschullehrer und Lehrer weiterführender Schule differenziert werden müsse: Grundschullehrer schnitten hier nochmal schlechter ab als ihre Genossen und belegten somit den fünftschlechtesten Platz der

---

[103] Barz / Singer 1999: S.437.
[104] vgl. fowid 2017.
[105] vgl. ebd.
[106] vgl. IfD Allensbach 2012: S. 14.
[107] vgl. ebd.

gesamten Studie.[108] Faktoren für dieses Ergebnis sind „[l]ow pupil respect for teachers (fewer than 20%), little trust in teachers to deliver a good education and modest levels of encouragement for children to become teachers (20%) […].“[109]

Liegen die Magazine *Der Spiegel* und *Focus* richtig in der Annahme, dass „Lehrpersonen […] überfordert, unmotiviert, zu alt, nicht auf dem aktuellen Stand des Geschehens, […] intrigant, larmoyant – und sogar gewalttätig“[110] seien? Handelt es sich beim Lehrerberuf um ein „Auffangbecken für Studienversager, Mittelmäßige, Unentschlossene, Ängstliche und Labile, kurz gesagt für Doofe, Faule und Kranke?“[111] Die Autoren Barz und Singer widersprechen dem und stützen die Behauptungen Terharts,

> „dass das weit verbreitete Negativ-Image Hand in Hand geht mit den ebenfalls in der Öffentlichkeit anzutreffenden Erwartungen an die Lehrer. (Überzogene) Hoffnungen und (unausbleibliche) Enttäuschungen schaukeln sich wechselseitig auf.“ Mit der Metapher des „Kippbildes“ kennzeichnet Terhart treffend eine strukturell bedingte Ambivalenz in der Fremdwahrnehmung der Lehrerschaft. Der Eskalation normativer und moralischer Ansprüche steht die schärfer werdende Lehrerschelte komplementär gegenüber.[112]

Der Masse der an sie gerichteten Erwartungen könnten Pädagogen nur schwerlich gerecht werden. Osterwalder behauptet, „Lehrerschelte […] [sei] auch Ausdruck einer Idealisierung des Lehrerberufs […], dem zugemutet wird, alle Probleme der Institution und des Individuums zu lösen.“[113] Darüber hinaus nimmt die Zahl der Aufgaben durch die Öffentlichkeit immer weiter zu, in Zuge dessen „komplexe soziale Probleme pädagogisiert [werden], die nur zu einem kleinen Teil in der Reichweite schulpädagogischen Handelns liegen.“[114]

Für die Autoren Bastian und Combe stellt die Tatsache, dass jeder sich in der Lage und dazu berufen sieht in pädagogischen Fragen mitzureden, ein weiteres Problem für das Ansehen des Lehrerberufes dar.[115] Da man ja selber einmal zur Schule gegangen war, wisse man, welche Probleme es gäbe. Schließlich „gehört es doch zum nationalen Umgangston, in Bildungsfragen Glaubenskriege zu

---

[108] vgl. Varkey GEMS Foundation 2013: S. 16.
[109] ebd. S. 35.
[110] Blömeke 2005: S. 28.
[111] ebd.
[112] Barz / Singer 1999: S. 445f.
[113] Osterwalder 2003: S.30.
[114] Bastian / Combe 2003: S. 6.
[115] vgl. ebd.: S. 8

führen, Misstrauen zu pflegen, nur ja keine Anerkennung zu verbreiten oder den Konsens zu suchen."[116] Eine weitere Rolle spielen die „kolportierten berufsspezifischen Privilegien"[117] wie die Annahme, der Lehrerberuf sei überbezahlt, krisensicher, ein Halbtagsjob mit langen Ferienzeiten und einem frühen Renteneintritt.

Warum ist das Ansehen von Grundschullehrern dennoch gestiegen? Rothland verweist darauf, dass in den Allensbachumfragen lediglich die Wertschätzung vorgegebener Berufe untersuche, nicht aber den Respekt vor den jeweiligen Berufsinhabern.[118]

Alles in allem sieht die Mehrheit der Bevölkerung den Beruf des Grundschullehrers an sich zwar als gesellschaftlich relevant, wertvoll und respektabel an, das Handeln des stereotypen Grundschullehrers jedoch nur bedingt. Um diese widersprüchliche Einschätzung gegenüber ‚dem Lehrer' zu verdeutlichen, müsse daher zwischen Lehrerberuf, Lehrerhandeln und Lehrerpersonen differenziert werden.[119]

Ursachen des gestiegenen Ansehens der Grundschullehrer lassen sich nicht explizit benennen. Auch sei das gestiegene Berufsprestige für die Lehrkräfte selbst nicht zu erkennen:

> [es hat] keine Entsprechung in konkreten Maßnahmen und Handlungen der Anerkennung und Unterstützung. Stattdessen werden die Anforderungen immer größer, die Bedingungen für die Berufsausübung aber nicht verbessert. Ein positives Selbstbild und das Gefühl der Anerkennung können so auf der Basis von berufsvergleichenden Rangskalen nicht entstehen.[120]

Vergleicht man die Sozialprestige-Rangfolge deutscher Berufe mit einem PISA-Spitzenreiter wie Finnland, so erscheint die dortige Erkenntnis, dass jemand, der „den hochbegehrten Lehrerberuf nicht schafft, [...] halt Arzt oder Jurist werden"[121] muss doch sehr ironisch. Schließlich ist der gesellschaftliche Nutzen des Lehrerberufs, welcher immerhin auf das ‚höchste Gut' unserer Gesellschaft, den Kindern, und somit auf die Bedürfnisse der Zukunft einwirkt, unumstritten.

---

[116] Bastian / Combe 2003: S. 8.
[117] Rothland 2007a: S. 40.
[118] vgl. ebd. S. 41.
[119] vgl. ebd.
[120] Rothland 2007b: S. 188.
[121] Bering 2006: S. 44.

Immer wiederkehrende mediale Hetzkampagnen unterstützen nicht zuletzt dieses Negativ-Image. Ergebnisse von Schülerumfragen aus dem Jahre 2006 deuteten bereits an, dass sich diese nicht nur negativ auf aktuelle Lehrer auswirkt, sondern auch das Lehramtsstudium dadurch immer unattraktiver wird.[122]

Kommende Lehrergenerationen werden wohl auch mit geringer Wertschätzung ihrer Leistung, Konstruktivität der Kritik und unzureichender Unterstützung durch Gesellschaft und Staat leben müssen. Durch steigende Anforderungen, nicht zielführendem Aktionismus der Politik[123] und in der Konsequenz rückläufigem, ambitionierten Nachwuchses erscheinen bessere Arbeitsbedingungen und ein spürbarer Image-Gewinn eher unwahrscheinlich.

5 Empirischer Teil: Interview mit zwei Grundschullehrerinnen

Die empirische Untersuchung liegt zwei Interviews mit Grundschullehrerinnen des Kreises Offenbach zu Grunde. Das Ziel war die Darstellung der heutigen Anforderungen an den Lehrerberuf, um so mögliche Diskrepanzen bezüglich des Berufsbildes und Veränderungen über die letzten Jahre herauszuarbeiten. In einem ersten Schritt wird das methodische Vorgehen entwickelt, bevor mit der Auswertung der Einzelfallstudien begonnen werden kann.

5.1 Methodisches Vorgehen

Für jegliche Art sozialwissenschaftlicher Untersuchung ist eine ausführliche Darstellung des methodischen Prozedere, im Rahmen derer die angewandten Verfahren bestimmt und beschrieben werden, unabdinglich. Hierzu zählen sowohl Methoden zur Datenerhebung als auch zur Datenanalyse. Dafür scheint es sinnvoll, zunächst die Grundlagen der qualitativen Sozialforschung zu

---

[122] vgl. Bering 2006: S. 41.
[123] vgl. Demmer 2003: S.23.

erläutern, die für den weiteren Verlauf der Inhaltsanalyse, von Relevanz sein werden.

5.1.1 Grundlagen der qualitativen Sozialforschung

Anhand der Tatsache, dass Ziel der Studie die Auswertung persönlicher Eindrücke von Grundschullehrerinnen sein soll, wird diese in den Bereich der qualitativen Sozialforschung platziert, denn diese

> interessiert sich für die Beschreibung und Analyse subjektiver Phänomene oder komplexer sozialer Handlungszusammenhänge, Gruppenprozesse oder politischer Entscheidungsprozesse. Sie richtet ihren Blick also auf innere Mechanismen und Phänomene und arbeitet dazu nicht mit numerischen sondern mit text- und bildsprachlichen Daten. Qualitative Sozialforschung kann völlig neue und unerwartete Zusammenhänge entdecken und ist damit in ihren Ergebnissen offener als die hypothesenprüfende Sozialforschung. Sie erfasst die Sinnkonstruktionen und Handlungen aus der Perspektive der Untersuchungsgruppe.[124]

Diese Forschungsmethode will demnach die soziale Welt unter Beobachtung der Realität erkennen. Im Gegensatz zu quantitativen Methoden eignet sich diese Methode besser zur Erfassung der Handlungsorientierung und Deutungsmuster von Akteuren im jeweiligen Geltungsbereich.[125]

Für die Entwicklung einer qualitativen Inhaltsanalyse erweisen sich folgende vier Grundkonzepte[126] als durchaus wichtig und erstrebenswert: *Systematisches Vorgehen* in Bezug auf sämtliche Analyseschritte sollte durch ein festgelegtes Ablaufmodell gewährleistet sein. Für die Sicherung des semantischen Zusammenhangs ist die Einordnung des Materials in ein *Kommunikationsmodell* unumgänglich, da die Interpretation des Textes immer innerhalb des Kontextes stattfindet.[127] Ein *Kategoriensystem* dient hier als Zentrum der Analyse. Letzten Endes sollte sich diese Methode an *Gütekriterien* überprüfen lassen.

Gütekriterien dienen im Rahmen der qualitativen Sozialforschung der Absicherung der Qualität. Mayring (2016) stellt aufgrund der Kritik an den

---

[124] Vogt / Werner 2014: S. 6.
[125] Atteslander 2010: 8 ff.
[126] vgl. Mayring 2015b: S. 29
[127] vgl. ebd. S. 50.

‚klassischen' Gütekriterien[128] sechs spezifisch inhaltsanalytische Gütekriterien auf: *Verfahrensdokumentation, argumentative Interpretationsabsicherung, Regelgeleitetheit, Nähe zum Gegenstand, kommunikative Validierung* und *Triangulation.*[129]

Verfahrensdokumentation: Da besonders in der qualitativ orientierten Forschung die Herangehensweisen meist sehr spezifisch auf den jeweiligen Forschungsgegenstand bezogen sind, muss das methodische Vorgehen unbedingt von Vorbereitung bis Nachbereitung dokumentiert werden.[130]

Argumentative Interpretationsabsicherung: Dadurch, dass sich Interpretationen weder beweisen noch widerlegen lassen, ist es zum einen nötig ein adäquates Vorverständnis zu garantieren und zum anderen sie schlüssig zu formulieren und im Zweifelsfall zu erklären und argumentativ zu begründen.[131]

Regelgeleitetheit: Es ist zum einen wichtig sämtliche Analyseschritte systematisch sequenziell und einzeln zu beschreiben und zu definieren und zum anderen sich während des Analyseprozesses möglichst an dieses Ablaufmodell zu halten (ausgeschlossen es treten methodische Schwierigkeiten auf).[132]

Nähe zum Gegenstand: Da sich die qualitative Sozialforschung besonders mit subjektiven Empfindungen einzelner Individuen auseinandersetzt, sollte möglichst versucht werden „in die natürliche Lebenswelt der Beforschten"[133] zu gehen, um ein offenes Verhältnis herzustellen.

Kommunikative Validierung: Mit kommunikativer Validierung ist die Absicherung der Interpretation, ob der Forscher den Probanden richtig verstanden hat. Dies kann in Form von Diskussionen geschehen.[134]

Triangulation: „Triangulation meint [...], dass man versucht, für die Fragestellung unterschiedliche Lösungswege zu finden und die Ergebnisse zu

---

[128] vgl. Mayring 2016: S. 141.
[129] vgl. ebd. S. 144.
[130] vgl. ebd. S. 144f.
[131] vgl. ebd. S. 145.
[132] vgl. ebd. S. 146.
[133] ebd. S. 146.
[134] vgl. ebd. S. 147.

vergleichen."[135] So kann durch die Kombination mehrere Analysegänge die Qualität sogar gesteigert werden.

Bevor explizit auf die in dieser Arbeit verwendeten Analysetechniken eingegangen wird, erscheint die Darstellung eines Ablaufmodells[136] sinnvoll, um bereits einen groben Überblick über die einzelnen methodischen Schritte zu geben.

Darstellung 2: Ablaufmodell nach Mayring 2015a

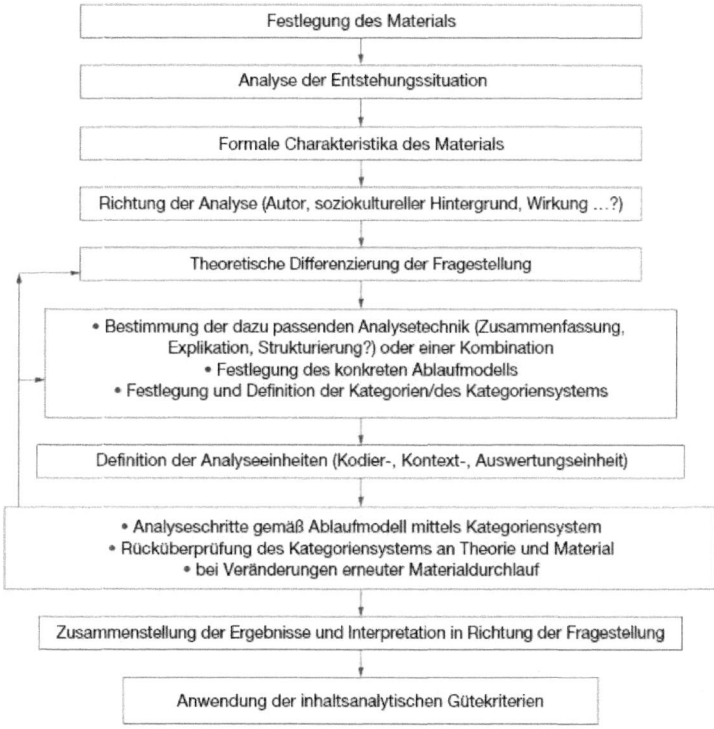

Dieses Modell dient als allgemeine Orientierung für jede qualitative Inhaltsanalyse. Unterschiede liegen in der Ausführung einzelner praktischer Analyseeinheiten, die je nach Forschungsfrage variieren und sich dem Versuchsgegenstand anpassen.

---

[135] Mayring 2016: S. 147.
[136] vgl. Mayring 2015a: S. 62.

Zunächst muss das Ausgangsmaterial mithilfe einiger ersten Schritte bestimmt werden: Bei dem Material, das dieser Analyse zu Grunde liegt, handelt es sich um einen Textkorpus, der durch Transkription zweier auf Tonband festgehaltenen Interviews mit zwei Grundschullehrerinnen entstand. Dieses sprachliche Material soll schließlich der Beantwortung der Forschungsfrage „Wie stellt sich die Berufssituation des Grundschullehrers in Hessen dar?" dienen, welche wiederum genau definiert sein und über den Forschungsgegenstand an den theoretischen Teil anknüpfen sollte. Als Gegenstand dient ein breites Spektrum an Themenbereichen, das sämtliche Aspekte der Arbeitsbereiche des Grundschullehrers sowie gewandelte Arbeitsumstände bedingt durch neue Anforderungen umfasst. Der Forschungsgegenstand wird mittels eines ausführlichen Kategoriensystems, welches als Zentrum der Analyse gilt, in Unterfragestellungen gegliedert, die im Zuge des Leitfadeninterviews die Komplexität und Ambivalenz des Lehrerberufs aufzeigen.

Zur Auswertung des Datenmaterials wird eine Kombination aus strukturierender, zusammenfassender und explizierender Inhaltsanalyse dienen, da nur so eine umfassende vergleichende Analyse gewährleistet wird. An dieser Stelle kann bereits vorweggenommen werden, dass zunächst weiterführend an dem Kategorienschema gearbeitet wird, indem das Textmaterial kodiert wird. Anschließend dient der Kodierleitfaden der Zusammenfassung der Interviews, die bei Bedarf durch Explikationen vervollständigt wird. Abschließend werden die Ergebnisse der Einzelfalldarstellungen im Rahmen der vergleichenden Analyse zusammengetragen und in Hinblick auf die Forschungsfrage interpretiert.

5.1.2 Planung

Wie bereits erläutert, ist das Ziel dieser Studie die Anforderungen des Lehrerberufs aus der Sicht zweier Lehrkräfte einer Grundschule zu untersuchen. Zwei ausführliche Interviews sollen im Rahmen dieser wissenschaftlichen Prüfungsarbeit ausreichen. Dazu wurden zwei Lehrkräfte in unterschiedlichen Lebensabschnitten und mit unterschiedlich langer Berufserfahrung gewählt, um verschiedene Blickwinkel auf den Alltag einer Grundschullehrerin zu erhalten.

Die daraus erhobenen Erkenntnisse sind aufgrund der geringen Anzahl der geführten Interviews allerdings nicht als repräsentativ anzusehen, dienen stattdessen der Beantwortung der Ausgangsfrage über eine qualitative Datenerhebung. Es handelt sich lediglich um einen kleinen, jedoch durchaus aufschlussreichen, Ausschnitt in Bezug auf die Anforderungen bei Lehrkräften an Grundschulen.

Es wurden Interviews mit Lehrern der Grundschule durchgeführt, da dort die Weichen für die weitere, höhere schulische Ausbildung gestellt werden. Folgende Kriterien mussten bei der Auswahl der Interviewpartner berücksichtigt werden, so sollten sie

- einige Jahre im Schuldienst tätig sein;
- ein abgeschlossenes Lehramtsstudium vorweisen können, sodass die Aussagen neben den Erfahrungen aus der Berufspraxis auch auf theoretischem Grundwissen fußen;
- an derselben Schule unterrichten, sodass das Einzugsgebiet und die damit verbundene Klientel kongruieren;
- unterschiedlich alt sein, um gegebenenfalls Unterschiede der Belastung zwischen jüngeren/unerfahreneren und älteren/erfahreneren Lehrkräften auszumachen.

Nach Abschluss der Planung konnten die vorab zusammengestellten Kriterien erfüllt werden. Bedauerlicherweise gab es an der Grundschule keinen männlichen Probanden, sodass die Sichtweise auf die Anforderungen des Lehrerberufes in dieser Arbeit eine rein weibliche ist.

5.1.2.1   Deduktive Kategorienbildung

Um eine sachgerechte vergleichende Analyse überhaupt erst möglich zu machen, muss der Forschungsgegenstand klar definiert und strukturiert werden. Dies geschieht mithilfe der *Kategorienbildung*. Die zu untersuchenden Aspekte werden zunächst nach verschiedenen Themenbereichen gegliedert. Da dies in dieser Studie theoriegeleitet vorab der Durchführung der beiden Interviews geschah, handelt es sich um die *deduktive Kategorienbildung*[137]. Bei dieser Herangehensweise werden im Hinblick auf die Forschungsfrage wesentliche Aspekte und Begriffe herausgearbeitet, woraus sich schließlich klar voneinander abgegrenzte Kategorien ableiten. Diese herausgearbeiteten Kategorien werden definiert und später mithilfe des Textmaterials beschrieben und kodiert, das heißt relevante Zitate werden den entsprechenden Kategorien zugeordnet[138], wie in Kapitel 5.1.4 näher erläutert wird.

Deduktive Kategorien sind sowohl für die Entwicklung des Leitfadens als auch für die Auswertung des Interviews von Bedeutung[139], weswegen sich dieses Verfahren bestens für eine vergleichende Analyse zweier Interviews eignet.

Folgende (Ober-)Kategorien (OK) wurden vorab entwickelt: *Schüler, Elternarbeit/Elternschaft, Pädagogische Anforderungen heute, Kooperation an der Schule* sowie *Lehrerbild in der Gesellschaft*. Diese wurden wiederum in mehrere Unterkategorien (UK) zerlegt. Im Themenbereich *Schüler* geht es beispielsweise um den Wandel der Kindheit, das Schülerverhalten und verändertes Freizeitverhalten. Im Bereich *Elternarbeit/Elternschaft* sollen die Lehrerinnen ihre Erfahrungen mit Eltern, die von Eltern gestellten Anforderungen und Erwartungen, die Kooperationsbereitschaft von Eltern sowie eventuelle Belastungen durch die Eltern schildern. Der Bereich *Pädagogische Anforderungen heute* beinhaltet Fragen zu neuen Anforderungen im Schulalltag, den Umgang mit neuen Medien, Inklusion, Flüchtlingskindern, klassische Stoffvermittlung sowie zur Lehrerausbildung. Der Bereich *Kooperation* befasst sich mit Themen wie Koordination innerhalb des Kollegiums, Fortbildungsmaßnahmen und der Zusammenarbeit mit der Schulleitung. Im letzten Themenbereich *Lehrerbild in der Gesellschaft* sollen die Interviewpartner ihre ganz persönlichen Eindrücke im Hinblick auf ein möglicherweise verändertes Lehrerbild in der Gesellschaft schildern. Die Schlussfragen sollen dann den Probanden zu einem zusammenfassenden Fazit zu seinem Alltag als Lehrer führen, sodass ein Resümee zu der heutigen beruflichen Situation von Grundschullehrern gezogen wird.

---

[137] vgl. Vogt / Werner 2014: S. 55f.
[138] vgl. ebd. S. 57.
[139] vgl. ebd. S. 23.

Darstellung 3: Deduktive Kategorienbildung

	Kategorienbezeichnung	Definition der Kategorie
OK 1	**Schüler**	Wandel des Schüler-Lehrer-Verhältnisses bedingt durch soziale Veränderungen
UK 1.1	Veränderte Kindheit	Auswirkung der gewandelten familiären Situation vieler Schüler auf den Unterrichtsalltag
UK 1.2	Erziehung	Übertragen des elterlichen Erziehungsauftrags an Lehrer und schulisches Umfeld
UK 1.3	Chancengleichheit	Gründe für/gegen das Vorhandensein von Chancengleichheit bei unterschiedlichen Einzugsgebieten der Schüler
UK 1.4	Übergang auf die weiterführende Schule	Entscheidungsfindung bzgl. des Übergangs auf die weiterführende Schule: Eltern vs. Lehrer
OK 2	**Elternarbeit / Elternschaft**	
UK 2.1	Umgang	Umgang mit Eltern der Schüler im Allgemeinen
UK 2.2	Erwartungen	Evolution der Erwartungshaltung seitens der Eltern an Schule u. Lehrer
UK 2.3	Engagement	Engagement der Eltern in der Schule/bei schulischen Aktivitäten
UK 2.4	Elternarbeit	Elternarbeit als Belastung bzw. Unterstützung für die Arbeit des Lehrers
OK 3	**Pädagogische Anforderungen heute**	
UK 3.1	Anforderungsart	Art der pädagogischen Anforderungen im Wandel der Zeit
UK 3.2	Neue Medien	Neue Medien als An-/Herausforderung für den Unterrichtsalltag
UK 3.3	Binnendifferenzierte Wissensvermittlung	Problematik der klassischen Stoffvermittlung bei gleichzeitiger Differenzierung
UK 3.4	Inklusion	Veränderung des Schulalltags durch inkludierte Schüler
UK 3.5	Flüchtlingskinder	Veränderung des Schulalltags durch Flüchtlingskinder
UK 3.6	Neue Anforderungen	Neue Anforderungen infolge der Heterogenität als Hindernis für gute Unterrichtsvorbereitung

UK 3.7	Studium & Referendariat	Vorbereitung auf neue Aufgaben in der Praxis
OK 4	**Kooperation an der Schule**	
UK 4.1	Kooperation	Art der Kooperation an der Schule
UK 4.2	Fortbildungen	Fortbildungen innerhalb des Kollegiums
UK 4.3	Unterstützung	Unterstützung seitens der Schulleitung
OK 5	**Lehrerbild in der Gesellschaft**	Wandel des Lehrerbilds in der Gesellschaft infolge neuer Anforderungen

Diese Tabelle stellt die Gesamtheit aller erstellten Kategorien dar, die jeweils definiert wurden, um Unschärfen zwischen den einzelnen Kategorien auszuschließen. Auf Grundlage dieser Kategorien wird der Interviewleitfaden erstellt. Später dient dieses Schema zudem als Basis für eine vergleichende Analyse des Datenmaterials.

5.1.2.2 Leitfadeninterview

Eine qualitative Befragung in Form eines Interviews dient als adäquate Untersuchungsmethode zur Ermittlung von Daten, Fakten und Meinungen. Der Ausgangspunkt der Untersuchung war die Frage nach den heutigen Anforderungen des Lehrerberufs aus der Sicht zweier Grundschullehrerinnen.

Die Vorgehensweise dieser Forschungsarbeit beruht zunächst auf der Methode des *Leitfadeninterviews*. „Leitfadeninterviews basieren bereits auf Vorannahmen, die aus der Theorie generiert wurden, lassen aber Raum für darüber hinausgehende Sichtweisen der Befragten"[140], weswegen sie sowohl Kriterien der qualitativen als auch der quantitativen Sozialforschung aufweisen.

Solch ein Interview wird offen durchgeführt, das heißt, es gibt keine vorgegebenen Antwortmöglichkeiten. Es besteht stattdessen aus einem *Leitfaden*, also aus mehreren festgelegten Fragen, die als Basis der Datenerhebung und -analyse fungieren. Diese Form des Interviews verschafft dem Interviewpartner genügend Spielraum zur Äußerung seiner Ansichten.

---

[140] Vogt / Werner 2014: S. 6.

Ebenso kann in dieser Form des Interviews der Interviewer flexibel auf sein Gegenüber reagieren und ist somit nur über den Leitfaden mehr oder weniger an eine bestimmte Formulierung oder Reihenfolge gebunden. Die vorgefertigten Leitfragen dienen also lediglich als Hilfestellung für den Interviewer und ermöglichen es, dass alle Forschungsfelder angesprochen werden können.

Eine spezielle Form des Leitfadeninterviews stellt das Experteninterview dar. „‚Experte' beschreibt die spezifische Rolle des Interviewpartners als Quelle von Spezialwissen über die zu erforschenden sozialen Sachverhalte. Experteninterviews sind eine Methode, dieses Wissen zu erschließen."[141] In die Kategorie des Experten fallen in diesem Fall vor allem Grundschullehrer, die in jeglicher Weise Verantwortung über die Planung, die Implementierung oder die Kontrolle einer Problemlösung tragen oder über einen privilegierten Zugang zu Informationen verfügen.[142] Aufgrund der sich ständig wandelnden Gegebenheiten und durchgeführten Reformen ist die Entscheidung zur Durchführung von Experteninterviews gefallen.

Die Experten fand man in einer Grundschule des Kreises Offenbach. Die Entscheidung Grundschullehrer zu interviewen beruht auf der Überlegung, dass Personen aus diesem Bereich sich mit dem Sachverhalt der vorliegenden Arbeit tagtäglich und über eine unterschiedliche lange Zeit beschäftigt haben und zusätzlich auch ein Eigeninteresse aufweisen, wichtige Informationen an angehende Lehrer oder die Öffentlichkeit Preis zu geben, um ihre Arbeitsbedingungen zu verbessern und zu optimieren.

Es wurde diese Untersuchungsmethode zur Datenerhebung gewählt, um an aktuelle Meinungen und persönliche Sichtweisen betroffener Lehrerinnen zur Beantwortung der Ausgangsfrage zu gelangen. Hierbei sollten die Probandinnen ihre Antworten möglichst frei und ausführlich formulieren können und nicht etwa vorgefertigte Antworten zu bestimmten Themen per Ankreuzen geben müssen. Dies hätte sicherlich zur Folge gehabt, dass viele persönliche Erfahrungen und Empfindungen, die gerade zu Fragen hinsichtlich der

---

[141] Gläser / Laudel 2010: S. 12.
[142] vgl. Meuser / Nagel 2005: S. 73.

Anforderungen und Belastungen des heutigen Lehrerberufes von hoher Relevanz sind, eventuell gar nicht zu Sprache gekommen wären.

Mithilfe des Leitfadens, welches als Gerüst zur Datenerhebung und -analyse dient, lassen sich Ergebnisse unterschiedlicher Interviews vergleichen, dennoch bleibt durch die offenen und halboffenen Fragen dem Befragten ausreichend Freiraum, um seine Meinung zu äußern. Auch besteht die Möglichkeit darüber hinaus auf spontane Fragen und Themen einzugehen. Durch die offenen und halboffenen Fragen spricht man von einem *halb standardisierten* Interview.

Nach Flick existieren drei Fragearten:

1. Offene Fragen zum Erfragen des Wissens des Interviewpartners;
2. Theoriegeleitete und hypothesengerichtete Fragen zur Darbietung von Aspekten, die der Befragte ablehnen oder annehmen und weiter ausführen kann;
3. Konfrontationsfragen für die kritische Betrachtung zuvor genannter Fakten.[143]

Den Rahmen für die Gesamtheit der kategorisierten Interviewfragen bilden die Einstiegs- und Schlussfrage. Die Einstiegsfrage ist sehr offen gestaltet, da sie den Probanden auf das Interview einstimmen und zum Erzählen anregen soll.[144] Zudem ermöglicht eine offene Frage dem Interviewpartner den Inhalt der Antwort weitgehend selbst zu bestimmen, sodass er auf für ihn relevante Punkte eingehen kann. Aus gleichem Grund ist die Schlussfrage ebenso offengehalten.

Darstellung 4: Leitfaden

„Ihr persönlicher Werdegang hin zur Grundschullehrerin?"
„Stichwort Veränderte Kindheit! Die familiäre Situation vieler Kinder hat sich mittlerweile stark verändert, macht sich das im Unterrichtsalltag bemerkbar?"
„Wird die Erziehung der Kinder an die Lehrer weitergegeben?"
„Kann es aus Ihrer Sicht Chancengleichheit für alle Schüler bei unterschiedlichen Einzugsgebieten geben?"

---

[143] vgl. Flick 1998: S. 100 f.
[144] vgl. ebd. S. 99 ff.

„Beim Übergang auf die weiterführende Schule entscheiden in Hessen letztlich die Eltern. Ist das aus Ihrer Sicht sinnvoll?"

„Welche Erfahrungen haben Sie im Umgang mit Eltern gemacht?"

„Welche pädagogischen Anforderungen werden denn heutzutage an Sie gestellt?"

„Ist klassische Stoffvermittlung bei gleichzeitiger Differenzierung möglich?"

„Ist eine gute Unterrichtsvorbereitung trotz neuer Anforderungen möglich?"

„Bereiten einen Studium und Referendariat auf die neuen Aufgaben vor?"

„Wie sieht die Kooperation an ihrer Schule aus?"

„Hat sich mit den neuen Anforderungen eigentlich auch das Lehrerbild in der Gesellschaft gewandelt?"

„Was ist trotz dieser vielfältigen Anforderungen und Probleme Ihre Motivation weiterzumachen, mal abgesehen vom Geld verdienen?"

Abgesehen von der Einstiegs- und Schlussfrage sind alle anderen Fragen ausgehend des Kategoriensystems themenspezifisch eingeteilt. Jeder Kategorie enthält theoriegeleitete und Hypothesen gerichtete Fragen, die der Befragte mit seinem Wissen zu den einzelnen Themenbereichen beantworten kann. Abgeschlossen wird jeder Bereich durch eine Konfrontationsfrage, sodass der Interviewpartner nochmals auf wichtige genannte Begebenheiten eingeht und diese kritisch in einen Zusammenhang setzt.[145] Diese Fragen müssen jedoch nicht zwingend in der Reihenfolge des Leitfadens gestellt werden. Der Interviewer muss hier auf den Probanden eingehen und die Fragen so stellen, dass sie nach Möglichkeit die bereits angesprochenen Aspekte aufgreifen und der Interviewpartner so von Thema beziehungsweise von Aspekt zu Aspekt problemlos übergehen kann und gegebenenfalls Punkte näher ausführt.

5.1.3 Erhebung und Aufbereitung

5.1.3.1 Durchführung des Interviews

Für die Einzelfalldarstellung wurden bewusst zwei Lehrkräfte unterschiedlichen Alters gewählt: eine Berufsanfängerin, die erst vergangenes Jahr ihr

---

[145] vgl. Flick 1998: S. 99 ff.

Referendariat beendet hat sowie eine erfahrene, ältere Lehrerin. Die Erwartung bestand darin unterschiedliche Blickwinkel zu präsentieren, die der individuellen Lebens- und Berufserfahrung, aber auch durch den Abstand des Alters zu der Schülerschaft geschuldet ist. Jüngere Lehrer bewerten Verhaltensweisen, wie etwa die immer früher auftretende technische Affinität der Schüler, unter Umständen anders als ihre älteren Kollegen. Ältere Lehrer bewerten bestimmte Umstände und Situationen eventuell gelassener als jüngere, die sich zuweilen noch stark an der erlernten Theorie orientieren.

Bei der Durchführung des Interviews wurde darauf geachtet, die Interviewpartnerinnen an einem für sie gewohnten Ort zu befragen.[146] Dafür wurde von der Schulleitung netterweise das Elternsprechzimmer der Grundschule zur Verfügung gestellt.

Nach der Einleitung und Vorstellung des Forschungsgegenstandes und der Erläuterung datenschutzrechtliche Richtlinien, begann das eigentliche Interview. Folgende vier Hilfsmittel wurden zur Datenerhebung verwendet:

- Der Leitfaden, der die Fragen enthält, sodass der Interviewer spontan reagieren und Fragen zu den angesprochenen Themenbereichen stellen kann.
- Ein Kurzfragebogen zur Erhebung von Daten des Probanden zu Alter, Schulart, Studium, Dauer des Schuldienstes und Fächerkombination, der welcher nach dem Interview ein Kurzfragebogen ausgehändigt wurde.
- Zur Aufnahme der Interviews wurde ein digitales Diktiergerät verwendet, sodass die Interviews im Anschluss wortwörtlich immer wieder angehört werden können.
- Mit Hilfe des Diktiergerätes können die Interviews auf einem Computer transkribiert werden, sodass sie in schriftlicher Form vorhanden sind und ausgewertet werden können.

Während des Gesprächs wurden die vorher ausgearbeiteten Fragen gestellt. Manche davon konnten allerdings gestrichen werden, da die Expertinnen von sich aus sehr viel erzählt und somit einige Fragen bereits im Vorfeld beantwortet

---

[146] vgl. Kapitel 5.1.1: *Nähe zum Gegenstand*

hatten. Die Interviews wurden in deutscher Sprache durchgeführt und dauerten im Schnitt ca. 75 Minuten.

Bei der Durchführung der Interviews ergaben sich zunächst einige interviewtypische Schwierigkeiten, die sich jedoch im weiteren Verlauf auflösten. Zum einen bestand ein unterschiedlicher Vertrautheitsgrad zu den beiden Interviewpartnerinnen, weswegen aktiv an einer vertrauensfördernden Atmosphäre gearbeitet werden musste, um die Nähe zum Gegenstand zu gewährleisten. Zum anderen ergab sich ein weiteres Problem, was das Verständnis einiger Begriffe beziehungsweise Aussagen betraf, weswegen in solch einer Situation kommunikativ validiert[147] werden musste, um die jeweilige Bedeutung zweifelsfrei bestimmen zu können.

Insgesamt wurden nach Abschluss der Durchführung alle Gütekriterien erfüllt.

5.1.3.2   Transkription

Transkription bezeichnet „[d]ie Verschriftlichung menschlicher Kommunikation, meist auf der Grundlage von Tonband- oder anderen Aufzeichnungen. Je nach Untersuchungszweck kann beziehungsweise muss die Transkription mehr oder weniger umfassend sein."[148]

Für die durchgeführten Interviews wurden folgende Protokollierungsregeln nach Kuckartz verwendet:

1. Es wird wörtlich transkribiert, also nicht lautsprachlich oder zusammenfassend. Vorhandene Dialekte werden nicht mit transkribiert.
2. Die Sprache und Interpunktion wird leicht geglättet, d. h. an das Schriftdeutsch angenähert. Beispielsweise wird aus „Er hatte noch so'n Buch genannt" → „Er hatte noch so ein Buch genannt".
3. Alle Angaben, die einen Rückschluss auf eine befragte Person erlauben, werden anonymisiert.
4. Deutliche, längere Pausen werden durch Auslassungspunkte (...) markiert.

[...]

---

[147] vgl. Kapitel 5.1.1: *kommunikative Validierung.*
[148] ILMES 2008.

6. Zustimmende bzw. bestätigende Lautäußerungen der Interviewer (Mhm, Aha etc.) werden nicht mit transkribiert, sofern sie den Redefluss der befragten Person nicht unterbrechen.

[...]

8. Lautäußerungen der befragten Person, die die Aussage unterstützen oder verdeutlichen (etwa lachen oder seufzen), werden in Klammern notiert.
9. Die interviewende Person wird durch ein „I", die befragte Person durch ein „B", gefolgt von ihrer Kennnummer, gekennzeichnet (etwa „B4:").
10. Jeder Sprecherwechsel wird durch zweimaliges Drücken der Enter-Taste, also einer Leerzeile zwischen den Sprechern, deutlich gemacht, um die Lesbarkeit zu erhöhen.[149]

Ausgehend von diesen Transkriptionsparametern zu qualitativen Erhebungsmethoden entstehen verschriftliche Interviewprotokolle, die schließlich die auszuwertenden Rohdaten darstellen.[150]

5.1.4 Auswertung

Zur Auswertung des transkribierten Datenmaterials[151] wird die Methode der *qualitativen Inhaltsanalyse* nach Mayring[152] angewandt. „Die qualitative Inhaltsanalyse ermöglicht die systematische Extraktion relevanter Informationen aus den Interviews und ist zugleich offen für nicht erwartete Befunde."[153] Unter dieser Methode versteht man demnach Erhebung und Auswertung nicht standardisierter Daten. Sie bietet sich an, um umfangreiches Textmaterial durchzuarbeiten, sodass das Material systematisch bearbeitet werden kann: „Qualitative Inhaltsanalyse will Texte systematisch analysieren, indem sie das Material schrittweise mit theoriegeleitet am Material entwickelten Kategoriensystemen bearbeitet."[154]

Damit die Interviews inhaltsanalytisch aufgegliedert werden können, müssen zunächst einige weitere Schritte im Rahmen der *strukturierenden qualitativen Inhaltsanalyse* stattfinden. Hierbei wird eine gewisse inhaltliche Struktur aus dem Textmaterial herausgearbeitet, welche an Hand der Kategorien gegliedert

---

[149] Kuckartz et al. 2008: S. 27f.
[150] vgl. Gläser / Laudel 2010: S. 42.
[151] siehe Anhang: S. 72-110.
[152] vgl. Mayring 2015a; vgl. Mayring 2016.
[153] Gläser / Laudel 2010: Klappentext.
[154] Mayring 2016: S. 115.

werden.[155] In einem ersten Schritt wurde in Kapitel 5.1.2.1 bereits jede festgelegte Kategorie definiert, um eine Trennschärfe zwischen den einzelnen Kategorien zu gewährleisten. Zu Vervollständigung dieser tabellarischen Übersicht[156] wird das gesamte Textmaterial in Hinblick auf die bestehenden Kategorien durchgearbeitet. Das Verfahren des „Zuordnen[s] von Textstellen zu den entsprechenden Kategorien"[157] nennt man *Kodieren*. Dabei werden sogenannte *Ankerbeispiele* herausarbeitet. „Ankerbeispiele sind typische Interviewzitate, die nochmals verdeutlichen, welche Textstellen unter die jeweilige Kategorie fallen."[158] Im Rahmen des Kodierens erweist es sich als unabdinglich, gewisse Kodierregeln zu respektieren, um die einzelnen Kategorien im Zweifelsfall inhaltlich voneinander differenzieren und unnötige Überschneidungen vermeiden zu können.[159] Der daraus entstandene Kodierleitfaden fungiert letztendlich als präzise Formulierung der deduktiv gebildeten Kategorien. Da sich beim Probedurchlauf des Materials keine Schwierigkeiten bzw. Ungenauigkeiten ergaben, war keine Überarbeitung oder Neufassung des Kategoriensystems notwendig.

Um einen vergleichenden Überblick des Inhalts beider Interviews zu schaffen, werden die Ankerbeispiele der Interviews tabellarisch gegenübergestellt. Mit Hilfe dieser Tabelle kann dann die Analyse weitergeführt und Zusammenhänge leichter erkannt werden.

Die Auswertung der Interviews respektive der in der eben genannten Tabelle festgehaltenen Interviewausschnitte, erfolgt anschließend im Sinne einer *zusammenfassenden qualitativen Inhaltsanalyse*. Bei dieser Form der Datenauswertung werden die im Zuge der strukturierenden Analyse gesammelten Ankerbeispiele paraphrasiert, sodass alle inhaltlich notwendigen Punkte überschaubar wiedergegeben sind.[160] Dieses Verfahren erscheint angemessen, da das Interview einem Leitfaden folgt, das heißt die zu untersuchenden Aspekte werden bereits von Anbeginn einschränkt

---

[155] vgl. Mayring 2015b: S. 473.
[156] siehe Anhang: *Dar. 5: Kodierleitfaden*, S. 111-131.
[157] Vogt / Werner 2014: S. 51.
[158] ebd.
[159] vgl. ebd. S. 51.
[160] vgl. Mayring 2015b: S. 472

beziehungsweise durch die Theorie gelenkt und man zudem lediglich am reinen Inhalt des Materials interessiert ist.[161]

Gleichzeitig ist es möglich das Verfahren der *explizierenden Inhaltsanalyse* mitanzuwenden, um unklare Textteile des Interviews respektive fachspezifische Termini mit Hilfe von zusätzlichen Informationen erklären zu können.[162]

Die zusätzlich nach den eigentlichen Interviews erfassten Daten über Alter, Dauer des Schuldienstes, Schularten sowie Fächer des Probanden wurden zur Darstellung der Kurzbiographie verwendet. Darin werden ebenso die im Zuge der Einstiegsfrage ermittelten Informationen verwertet.

5.2 Einzelfalldarstellungen

Bevor auf die vergleichende Analyse der beiden Interviewinhalte eingegangen werden kann, scheint eine gesonderte, bloße Darstellung der einzelnen Interviews, unter Berücksichtigung des Kategoriensystems, sinnvoll.

5.2.1 Interview 1

5.2.1.1 Kurzbiographie der interviewten Person

Bei der ersten interviewten Person (B1) zum Thema der Berufssituation des Grundschullehrers handelt es um eine 57-jährige Quereinsteigerin, die ihren Abschluss nicht in Hessen, sondern in Baden-Württemberg erlangte. Sie ist seit über 20 Jahren als Grundschullehrerin in Hessen aktiv und seit vier Jahren an ihrer jetzigen Schule tätig, in der sie die Leitung einer vierten Klasse hat. Des Weiteren ist sie zweifache Mutter, deren Kinder beide die Schullaufbahn bereits abgeschlossen haben. Von der Befragung wird eine sehr differenzierte Perspektive erhofft, da diese Gesprächspartnerin sich sowohl mit der Rolle des Pädagogen, als auch mit der Rolle eines Elternteils voll identifizieren kann.

---

[161] vgl. Mayring 2015b: S. 472.
[162] vgl. ebd. S. 473.

5.2.1.2   Zusammenfassung des ersten Interviews

Schüler

B1 betonte zunächst, dass die Schüler aus ihrer Sicht nicht schwächer geworden seien. Allerdings brächten diese im Gegensatz zu früher wesentlich mehr Probleme mit in den Unterrichtsalltag, auch bedingt durch gewandelte familiäre Situationen, was sich negativ auf deren Konzentrationsvermögen auswirkt.

> *„[...] Auffällig ist meiner Meinung nach, dass sich viele Kinder deutlich schlechter über einen längeren Zeitraum konzentrieren können. Sie bauen schneller ab, als früher. Viele sind es überhaupt nicht gewohnt, eine Arbeit zu beenden, dran zu bleiben. Sie sind sehr Lust gesteuert und sehen häufig nicht ein, dass sie auch mal Dinge tun müssen, die ihnen keinen Spaß machen. [...] Sie erwarten von uns, dass wir uns praktisch permanent um sie persönlich und ihre Bedürfnisse kümmern. Dass dort noch zwanzig andere ebenfalls Hilfe und Aufmerksamkeit brauchen interessiert sie eigentlich nicht.“ (Z. 54-63)*

Auf der einen Seite gebe es Kinder, deren Tagesplan streng getaktet sei, während andere Kinder kaum außerschulischen Aktivitäten nachgingen. Das familiäre Miteinander komme insgesamt zu kurz, worunter die Sozialkompetenz der Kinder leide. Auch Langeweile auszuhalten und im Umkehrschluss Wege, sich selber zu beschäftigen, zu finden werde immer seltener. Manche Eltern seien, auch bedingt durch den beruflichen Alltag, mit dem Erziehungsauftrag überfordert und oft kämen Schüler unvorbereitet und ohne benötigte Materialien in die Schule was ihre Einbindung in den Unterricht und den Lernprozess wiederum erschwere.

> *„[...] dass nie alle Schüler alle notwendigen Materialien dabei haben. [...] Das hält immer den ganzen Betrieb auf und ist auch für den jeweiligen Schüler nicht gut. Er bekommt Ärger, kann nicht mitmachen oder anfangen. Das sind natürlich keine guten Voraussetzungen für ein erfolgreiches Lernen.“ (Z. 88-95)*

Laut B1 macht sich eine Übertragung des Erziehungsauftrags zunehmend bemerkbar. Viele elementare Dinge, wie etwa der richtige Umgang mit Kleidung und grundlegende Manieren würden nicht mehr von zuhause mitgegeben und auch bei der Koordination seien die Schüler oft überfordert. Alles in allem ginge die Schere zwischen sehr gut betreuten und sehr verwahrlosten Kindern schichtenübergreifend immer weiter auseinander.

> *„Es kommen manche Kinder in die Grundschule, die können nichts, was eigentlich mit sechs Jahren selbstverständlich sein müsste. Sie können keine*

Schere richtig halten, können nicht gut ausmalen, können nicht werfen oder fangen, sie kennen die Würfelbilder nicht, weil zuhause keine Gesellschaftsspiele mehr gespielt werden, viele Viertklässler können noch nicht schwimmen oder Fahrrad fahren. Das sind aus meiner Sicht alles Dinge, die Eltern ihren Kindern beibringen müssten. Das sind elementare Fähigkeiten." (Z. 104-110)

B1 würde sich in diesem Zusammenhang eine stärkere Zuarbeit der Kindergärten wünschen. Jedoch sehe sie auch, wie unterbesetzt die Kindergärten oft seien. Anstelle einer Vorschule ziehe sie eine flexible Eingangsstufe vor, die Kinder in einer Zeitspanne von ein bis drei Jahren, je nach kognitiver Fähigkeit, in jahresübergreifenden Klassen durchlaufen.

Die Entscheidungsfreiheit der Eltern in Hessen, auf welche weiterführende Schule ihr Kind gehen solle, sieht sie kritisch. Elterngespräche und Empfehlungen verlören an Bedeutung, wenn die Entscheidung der Eltern von vorneherein und um jeden Preis feststünde – ungeachtet dem Wohlergehen des Kindes. Lehrer hätten einen wesentlich besseren Überblick über die für die Schule notwendigen Kompetenzen. Darüber hinaus gebe es aus ihrer Sicht in Hessen vielfältige Möglichkeiten zu einem guten Schulabschluss zu kommen, ohne sofort den Weg des Gymnasiums einschlagen zu müssen.

„Wir kennen das Kind in der Regel seit vier Jahren. Wir sehen im Unterricht, was es selbstständig in der Lage ist zu leisten und was nicht. Wir machen uns oft wochenlang vor den Gesprächen mit den Eltern Gedanken, sprechen mit den Kollegen über jedes einzelne Kind usw. Das interessiert viele Eltern aber nicht. Im Gegenteil, teilweise wird uns dann fast unterstellt, wir hätten etwas gegen das Kind, wir würden ihm nicht zutrauen, wir hätten es eben nicht richtig motivieren können." (Z. 176-182)

Positiv sieht sie das sich veränderte Verhalten vieler weiterführenden Schulen, die sich zumindest bemühen, mehr über die ankommenden Grundschüler zu erfahren. Besonders die integrierten Gesamtschulen suchten das Gespräch mit den Grundschulen, um sich über einzelne Schüler zu erkundigen. Den Gymnasien wirft sie dagegen diesbezüglich Arroganz und Interessenlosigkeit vor, da sie aufgrund der zahlreichen Anmeldungen ohnehin eher am Aussieben als am Fördern interessiert wären, worunter gerade Schüler mit Lerndefiziten wie der Lese-Recht-Schreibschwäche oder Dyskalkulie zu leiden hätten. Das hessische Schulsystem sei nicht optimal, die Grundschule müsse wieder mehr an Einfluss gewinnen.

Ob ein skandinavisches Modell in Deutschland das richtige sei, bezweifelt sie, da Kinder beim aktuellen Wechsel auf die weiterführende Schule ohnehin vor einem physischen und psychischen Umbruch stünden. Auch gebe es dort ganz andere Möglichkeiten wie zum Beispiel kleinere, doppelt betreute Klassen und Schulpsychologen. Sie ziehe das Modell der integrierten Gesamtschule mit einer gemeinsamen Beschulung bis zur zehnten Klasse vor.

Elternarbeit/Elternschaft

Im Umgang mit den Eltern hatte B1 nach eigener Aussage nur selten Schwierigkeiten. Sie stelle ihre Sicht der Dinge direkt offen dar, suche bei Problemen zeitnah das Gespräch und ließe sich weniger einschüchtern als zum Beispiel jüngere Kollegen, welche jeglichem Druck und überzogenen Erwartungen oftmals nicht gewachsen seien. Auch mache sie den Eltern bewusst, dass der überwiegende Teil der Erziehung von ihnen und nicht von der Schule geleistet werden müsse.

Die Erwartungshaltung habe sich massiv verändert. Früher ginge es den Eltern lediglich um Wissensvermittlung, während sie heute überzogene Erwartungen an Schule und Lehrer haben.

> *„Heute erwarten die meisten Eltern, zumindest aber die bildungsnahen Eltern, dass ihr Kind individuell gefördert wird und einen bestmöglichen Schulabschluss, sprich Abitur, erreicht. Dafür sollen wir sorgen. Darüber hinaus sollen wir ihre Kinder möglichst bis in den späten Nachmittag hinein mit pädagogisch sinnvollen Angeboten also AGs beschäftigen und sie bei den Hausaufgaben unterstützen. Letztlich wird das „Rundum-sorglos-Paket" erwartet. Funktioniert das alles nicht wie gewünscht, sind wir in der Regel die Schuldigen." (Z. 250-257)*

Es gebe im Gegenzug aber auch Eltern, die sich sehr für die Allgemeinheit engagierten. Das sind zum Beispiel Eltern, die sich im Förderverein und/oder als Elternbeiräte aktiv an der Schularbeit und der Umsetzung vieler Projekte beteiligten. Die Hilfsbereitschaft schwinde jedoch mit der höheren beruflichen Belastung vieler Eltern gegenüber früheren Zeiten mehr und mehr. Dies sei schade, da letztendlich die Kinder die Leidtragenden wären.

Pädagogische Anforderungen heute

Unterrichten heute sei wesentlich anspruchsvoller und komplexer geworden. Frontalunterricht komme allenfalls noch in Einführungsphasen vor. Es müssten deutlich mehr Faktoren, wie Sprachbarrieren, Lernbehinderungen und dergleichen im Unterricht berücksichtigt werden. Kompetenzen wie sich Wissen selbstständig zu erschließen stünden über allem. Es würden deutlich mehr Gruppen- und Stationsarbeit stattfinden, darüber hinaus gäbe es mehr Phasenwechsel innerhalb einer Stunde. Der Lehrer sei in diesem Sinne selbst Autodidakt, um sich den ständig wechselnden Gegebenheiten anzupassen. Das Schulbudget hätte allerdings nicht viel finanziellen Spielraum, sodass Lehrer für Materialien mindestens in Vorkasse treten müssten oder aber ihnen einiges an Phantasie zur Umsetzung abverlangt würde.

Auch die neuen Medien würden im Unterricht einen immer größeren Raum einnehmen. Da die Möglichkeiten an der Schule mittlerweile bestünden und auch viele Kinder zuhause mit den modernsten Medien in Berührung kämen, fiele es zunehmend schwerer, eine Nichtnutzung zu rechtfertigen. Diese Umstellung erfordere allerdings weitere Fortbildungen seitens der Lehrkräfte.

Alles in allem stellten die technischen Möglichkeiten insgesamt einen Fortschritt für die Unterrichtsgestaltung dar, allerdings ziehe sie ein Activeboard herkömmlichen Ipads vor. Sie habe sich schon vor Jahren eigenständig um Computer für ihren Klassenraum gekümmert. Die Möglichkeit einer Internetrecherche, beispielsweise im Sachunterricht, empfände sie als zeitgemäß und wichtig.

Auf die Frage ob die klassische Stoffvermittlung bei gleichzeitiger Differenzierung überhaupt möglich sei, entgegnet sie die wachsende Bedeutung von Kompetenzen gegenüber Inhalten.

> *„Also heute steht ja nicht mehr so die Stoffvermittlung im Mittelpunkt, sondern die der Kompetenzen. […] Früher musste ich beispielsweise eine bestimmte Anzahl an Themen auf jeden Fall behandelt haben. Heute gibt man die Themen nicht mehr so vor. Man geht davon aus, dass ein Thema exemplarisch für viele Themen steht und die Kinder einfach bestimmte Kompetenzen innerhalb der Einheit erwerben sollen und können. Diese können sie dann im Idealfall auf alle anderen Themen übertragen und anwenden.“ (Z. 328-336)*

Sie begrüße diese Reform, da der Druck abnehme, dass alle Schüler alles zur selben Zeit beherrschen müssten. Zudem würden die Kompetenzen im Zuge der gesamten Grundschulzeit erlernt werden und seien nur sporadisch an bestimmte Halbjahre gebunden. Insgesamt werde wesentlich mehr Flexibilität verlangt, was

Lehrer zuweilen vor hohe Herausforderungen stellen würde. Gelegentlich greife sie aber auch auf ihren vorhandenen Erfahrungsschatz zurück.

Das Niveau von heute ließe sich nicht mehr mit dem von früher vergleichen, da wie vorab beschrieben, die Lernschwerpunkte woanders lägen. Das tatsächliche Fachwissen der Schüler sei geringer, aber Schüler von heute könnten dafür in anderen Bereichen punkten. Die Schüler würden stärker in ihren eigenen Lernprozess mit eingebunden und sollen eigenständig zu Lösungen kommen und weniger auswendig lernen. Dies erwecke auch eine höhere Lernmotivation seitens der Schülerschaft.

Mit Kindern, die aus Kriegsgebieten nach Deutschland geflüchtet sind, habe sie an ihrer Schule bisher keine Erfahrungen gemacht. Durch ihr Engagement in der Flüchtlingshilfe ihres Nachbarortes, erkenne sie aber Problemstellungen mit denen sich die dortigen Schulen bereits auseinandersetzten oder aber zukünftig auseinandersetzen werden müssen. Es bedürfe mehr Zuwendung des Staates, um die auftretenden Probleme adäquat angehen zu können. Neben der sprachlichen Barriere, wären diesen Kindern darüber hinaus traumatische Erlebnisse widerfahren, für deren Aufarbeitung dafür geschultes Personal nötig sei. Dies übersteige die Kompetenz eines Lehrers.

> *„Für so etwas muss man eigentlich auch ausgebildet sein, denke ich. Ja, auch hier fühlen wir uns allein gelassen." (Z. 473-474)*

Eine intensive Unterrichtsvorbereitung gestalte sich zunehmend schwieriger, da immer mehr Zeit für durchaus notwendige, außerunterrichtliche Tätigkeiten in Anspruch genommen würde. Die wachsende Erwartungshaltung frustriere sie sehr, zudem hätten besonders jüngere Kollegen oft Probleme, die offen formulierten Rahmenpläne richtig zu deuten.

Auch wenn ihre Ausbildung mit der heutigen nicht mehr zu vergleichen sei, erscheine ihr diese keine gute Vorbereitung für den Schuldienst zu sein. Sie sei schlichtweg zu realitätsfern und theorielastig – im Besonderen für Grundschullehrer. Sie spricht sich für mehr praktische Erfahrungen, wenn nicht gar für ein duales System aus, um angehende Lehrer frühestmöglich mit der Realität zu konfrontieren und falsche Erwartungen zu vermeiden.

Kooperation an der Schule

Die Kooperation innerhalb der Schule bewertet sie als sehr positiv. Da es sich um eine relativ kleine und damit überschaubare Schule handele und man sich innerhalb des Kollegiums unterstütze, gestalte sich der tägliche Ablauf relativ unproblematisch. Darüber hinaus trage auch die gute Zusammenarbeit mit der Schulleitung und Nachmittagsbetreuung zu einem guten Binnenklima bei. Dies sei aus ihrer Sicht keine Selbstverständlichkeit.

Fortbildungen fänden in aller Regel während gemeinsamer pädagogischer Tage statt. Um externe Fortbildungen müsse sich jede Lehrkraft eigenständig kümmern. Mehr als zwei bis drei Lehrkräfte zur gleichen Zeit könne eine Schule jedoch nicht entbehren. Sobald mehrere Lehrer zur gleichen Zeit fehlten, breche das System zusammen und Kinder müssten aufgeteilt werden oder es gebe keinen gleichwertigen Vertretungsunterricht. Dies führe auch dazu, dass sich Lehrer oft trotz Krankheit in die Schule schleppten, um den Unterrichtsbetrieb aufrecht zu erhalten.

> *„Hätte man mehr Lehrkräfte, ließe sich vieles besser gestalten, in allen Bereichen." (Z. 544-545)*

Lehrerbild in der Gesellschaft

Die Wahrnehmung des Berufes des Grundschullehrers polarisiere mehr denn je. Es gebe durchaus mehr Leute, die ihre geleistete Arbeit anerkennen und zu würdigen wüssten.

> *„Zum einen hat sich das Bild durchaus positiv gewandelt, weil ich den Eindruck habe, dass viele Menschen inzwischen den Beruf des Lehrers besser achten." (Z. 559-561)*

Sie erkenne aber auch eine wachsende Respektlosigkeit seitens der Eltern, aber auch der Schüler. Diese bekämen die abwertenden Haltungen ihrer Eltern gegenüber Lehrern oder der Schule mit und würden diese verinnerlichen. Die Amtsautorität des Lehrers würde immer weniger greifen, auch der Altersunterschied spiele eine immer geringere Rolle. Selbst vor Polizisten, die zur Verkehrserziehung an die Schule kämen, nehme der Respekt zunehmend ab.

> *„Zum anderen sehe ich da aber auch diese andere Entwicklung unter der Elternschaft. Weder Eltern noch Kinder haben Respekt vor uns oder unserer Arbeit. Sie treten uns häufig sehr aggressiv gegenüber, drohen selbst bei nichtigen Anlässen gleich mit dem Anwalt oder dem Schulamt." (Z. 591-594)*

Ihre Motivation weiter ihrem Beruf und aus ihrer Sicht ihrer Berufung nachzugehen, sei die Begeisterungsfähigkeit und das positive Feedback der Schüler. Wenn einmal ein gutes Klassenklima erreicht sei, sei es für sie immer noch ein Traumberuf. Dieser werde durch externe Auflagen und Anordnungen allerdings getrübt. Als größte Belastung insgesamt sehe die in ihrem Falle noch bevorstehende, drohende Inklusion und die damit einhergehende Ungewissheit. Auch die steigenden erzieherischen und bürokratischen Aufgaben setzten sie zunehmend unter Druck.

5.2.2 Interview 2

5.2.2.1 Kurzbiographie der interviewten Person

Die zweite zur Berufssituation von Grundschullehrern befragte Person (B2) ist eine Lehrerin, die sich in ihrem zweiten Jahr als ‚vollwertige' Lehrerin nach erfolgreich absolviertem Referendariat befindet. Mit 27 Jahren und frisch von der Uni bringt sie einen deutlich geringeren Erfahrungsschatz als die erste Befragte mit, allerdings ist sie durch die nur wenige Jahre zurückliegende Studienzeit mit den aktuellsten Methoden in der Didaktik vertraut. Sie stammt aus dem Rhein-Main-Gebiet, studierte das Grundschullehramt an der Johann-Wolfgang-Goethe Universität in Frankfurt am Main und leistete ihr Referendariat an einer anderen Grundschule im Kreis Offenbach. Momentan leitet sie eine vierte Klasse.

5.2.2.2 Zusammenfassung des zweiten Interviews

Schüler

Ob sich die wandelnde Situation vieler Kinder in ihren Familien auch im Unterricht bemerkbar mache, bestätigt sie und schildert Beispiele der Überforderung durch zu viele außerschulische Aktivitäten, zu wenig Aufmerksamkeit durch die Eltern oder aber massive Einschnitte in das Seelenleben von Schüler, etwa bedingt durch die Scheidung der Eltern oder Todesfälle. Die in diesem Alter ohnehin schon schwach ausgeprägte Konzentrationsspanne werde so noch umso mehr strapaziert; es fiele ihnen schwer über einen längeren Zeitraum einer Arbeit nachzugehen oder aber sich gegenseitig zuzuhören. Auch die Sozialkompetenz der Kinder hätte nachgelassen.

Auch die Erziehung werde von vielen Erziehungsberechtigten mehr und mehr an die Lehrkräfte weitergegeben. Alltägliche Dinge wie etwa das Schuhebinden, gehören nach Ansicht der Befragten nicht zu dem Aufgabenspektrum einer Lehrkraft. Einige Eltern hingegen verbitten sich Ratschläge und führen auftretende Probleme auf das Handeln der Lehrkraft zurück. In einigen Fällen seien die Eltern ihrer Verpflichtung nicht gewachsen und gerade dort möchte man den Kindern umso mehr helfen.

Wegen der, aus ihrer Sicht, gut geleisteten Arbeit der Kindergärten, sei dort lediglich eine Personalaufstockung für ein besseres Betreuer-Schüler-Verhältnis nötig, nicht jedoch eine verpflichtende Vorschule.

Eine generelle Chancengleichheit hält sie für nicht möglich. Die Lernvoraussetzungen der Schüler seien zu unterschiedlich. Ein größerer finanzieller Spielraum ermögliche es Eltern ihre Kinder in vielerlei Hinsicht besser zu unterstützen; etwa bei Nachhilfeunterricht. Des Weiteren hätten es Kinder, die aus einem vermeintlichen Brennpunktviertel auf eine Schule in ein besseres Viertel wechseln schwerer, da oftmals große Rückstände gegenüber anderen Schülern vorlägen.

Der Umstand, dass in Hessen die Eltern über die weitere schulische Ausbildung ihrer Kinder entscheiden, nehme den Lehrkräften einen Teil der Verantwortung. Allerdings sei es bedenklich Schüler, die sich aus Sicht der Lehrkräfte (noch) nicht für eine gymnasiale eigneten, dort hinzuschicken.

> *„Die Eltern ignorieren einfach unsere Bedenken und sind der Meinung, dass sie das mit Nachhilfeunterricht schon hinbekommen. Sie haben gar keine Vorstellung, was an Anforderungen auf ihre Kinder zukommt.“ (Z. 839-842)*

Die Kinder müssten sich einem enormen und kaum zu bewältigenden Druck stellen, der oftmals einen sozialen Abstieg nach sich zöge. Es gäbe in Deutschland genügend Möglichkeiten abseits des Gymnasiums später Abschlüsse nachträglich zu erlangen. Es sei schwierig Kinder schon im Alter von neun bis zehn Jahren die Tauglichkeit für das Gymnasium zuzuschreiben oder aber abzusprechen. Gerade bei den Jungs wären ein bis zwei Jahre sicherlich förderlich für eine präzisere Einschätzung. Sie stellt einen Vergleich zu Neuseeland und berichtet positiv über längere gemeinsame Zeit der Grundschüler bis zum Alter von 14 bis 15 Jahren. Eine Entscheidung über den weiteren Bildungsweg sei so wesentlich leichter zu treffen. Dem könnten hierzulande mehr integrierte Gesamtschule Abhilfe schaffen, eine frühe Einteilung sei nicht mehr zeitgemäß.

Als prägendste Erfahrung blieb ihr die besondere Beobachtung während ihrer Zeit als Referendarin hängen. Aufgrund der mangelnden Erfahrung bestand seitens der Eltern viel Skepsis, die jedoch über innovative Unterrichtsmethoden zerstreuen konnte. Überhaupt wären Referendare gut für Schüler, da diese sich aufgrund der Unterrichtsbesuche noch viel mehr Gedanken um ihren Unterricht machen müssten.

Elternarbeit/Elternschaft

In Bezug auf eine sich in den letzten Jahren gewandelte Erwartungshaltung der Eltern, erlaubt sich die Probandin aufgrund ihrer kurzen Berufserfahrung keinen Vergleich zu möglichen früheren Gegebenheiten. Aus ihrer Erfahrung heraus berichtet sie von der Skepsis der Eltern gegenüber neueren Unterrichtsmethoden, da diese sich immer mehr von der Schule entfernen, wie sie die Eltern selbst noch erlebt haben. Viele Eltern vergäßen bei dem Wunsch der bestmöglichen Förderung und Betreuung ihres Kindes, die Verantwortung der Lehrkräfte gegenüber allen Kindern. Der Heterogenität der Schüler müsse Rechnung getragen werden.

Das Elternengagement sei ihrer Meinung nach von Klasse zu Klasse unterschiedlich. In manchen erfolge dies (zu) oft, in anderen (zu) wenig.

> *„Wenn du einen guten Elternbeirat hast [...] ist die Unterstützung eigentlich gut." (Z. 934-936)*

> *„Es gibt aber auch Klassen, da findest du kaum ein Elternteil das bereit ist mal einen Ausflug zu begleiten oder Plätzchen zu backen." (Z. 936-937)*

Es sei definitiv wichtig und ermögliche vieles. Auch in der Arbeit mit den Eltern sei es von Fall zu Fall anders. Einige seien sehr kooperativ, engagiert und würden ihr viel Vertrauen entgegenbringen und sich nur in Ausnahmesituationen einmischen. Andere würden bestimmen Ereignissen oder Umständen zu viel Bedeutung beimessen, was hin und wieder auch eine Belastung darstelle.

> *„Es gibt Eltern, die sind total unkompliziert und vertrauen mir und meiner Arbeit." (Z. 945-946)*

> *„Und dann gibt es Eltern, die mischen sich in alles ein, wollen überall mitreden und stehen fast jeden Tag auf der Matte oder schreiben mir laufend Mails wegen Banalitäten. Die nerven dann schon." (Z. 949-951)*

Pädagogische Anforderungen heute

Die pädagogischen Anforderungen erforderten eine hohe Flexibilität der Lehrkräfte. Selten kann ein Unterricht bedingt durch Störungen oder unvorhergesehene Umstände planmäßig gehalten werden. Auch wachse die Heterogenität der Schüler, so dass man den Unterricht auf die unterschiedlichsten Bedürfnisse und Wissensstände abstimmen müsse.

> *„[...] [A]ufgrund der hohen Heterogenität innerhalb der Klassen [muss man] eigentlich immer differenzieren." (Z. 963-964)*

Diverse Absprachen innerhalb des Kollegiums, mit Eltern, Sonderpädagogen müssten geführt werden und oft reiche die Zeit nicht für alle Anforderungen.

Der Einsatz von neuen Medien hingegen stelle kein größeres Problem dar, da sie selber damit groß geworden sei. Sie benennt auf der einen Seite die Wichtigkeit und die Vorzüge, etwa die Allgegenwärtig in deren späteren beruflichen Laufbahn, verweist aber auch zugleich auf die Notwendigkeit des Erwerbs grundlegender Kompetenzen, wie Rechnen und Rechtschreibung.

> *„Was ich nicht befürworte sind so Dinge wie Autokorrektur und der permanente Einsatz von Taschenrechnern. Die Schüler müssen richtig schreiben [und] rechnen lernen." (Z. 991-995)*

Auf die Frage wie der klassische Unterrichtsstoff bei gleichzeitiger Differenzierung vermittelt werden könne, verweist B2 auf die gewachsene Rolle der Kompetenzen im Schulsystem und erkennt eine gestiegene Akzeptanz der unterschiedlichen Leistungsvermögen der Schüler.

Wenn man sich das Niveau des abfragbaren Wissens ansehe, so sei es nach Ansicht von B2 gesunken. Allerdings würden die Kinder von heute im Gegenzug mehr hinterfragen und neugieriger sein, eigene Lösungen finden und diese begründen können. Insgesamt gebe es also kein sinkendes Niveau an Grundschulen.

Angesprochen auf die Inklusion zeigt sich B2 unentschlossen. Der Grundgedanke gefalle ihr und es gäbe einige Kinder, die sich durchaus in den Regelschulbetrieb integrieren ließen. Allerdings sei die momentane Situation mit nur gelegentlich anwesenden Teilhabekräften nicht in Ordnung und überfordere die Lehrer.

> „Grundsätzlich ist die Idee sicher gut, weil sicher einige dieser Kinder integriert werden können, [...] aber so wie das jetzt abläuft ist es für alle Beteiligten nicht sinnvoll." (Z. 1031-1034)

Schließlich sei man nicht dafür ausgebildet worden. Um sich in die Problematik einzuarbeiten ginge weitere Zeit verloren und man frage sich, ob dies noch der Beruf sei, den man ursprünglich mal hatte erlernen wollen.

Eine andere Schwierigkeit stellt der wesentlich höhere Anteil an Schülern dar, deren Muttersprache nicht Deutsch ist, was das sprachliche Niveau enorm senkt.

> „Jetzt ist es eigentlich so, dass es in den meisten Klassen bei zwanzig Schülern oft nur noch drei oder vier deutsche Kinder gibt." (Z. 1059-1060)

B2 nimmt in diesem Zusammenhang die Politik in die Pflicht, sich mehr für seine Beschäftigten stark zu machen und ihnen mehr Hilfe bei der Bewältigung der wachsenden Anforderungen zukommen zu lassen. Nicht allem und jedem gerecht werden zu können sei frustrierend. Der eigentliche Unterricht rücke in den Hintergrund, da andere Dinge die Aufmerksamkeit auf sich zögen.

Ob und inwieweit das Studium und das Referendariat auf die neuen Aufgaben vorbereite, beantwortet sie damit, dass die Theorie für das Nachschlagen gewisser Dinge durchaus nützlich sei. Der Anteil, den sie im Studium einnehme, sei allerdings vergleichsweise zu hoch.

> „Insgesamt war das [die schulpraktischen Studien] wirklich eine viel zu knappe Zeit, um eigene Erfahrungen zu sammeln und ich hätte mir wirklich mehr Praxisbezug gewünscht [...]." (Z. 722-724)

Ihre eigentliche Vorbereitung für den Unterrichtsalltag habe sie erst im Referendariat erhalten. Der direkte Schülerbezug, die Organisation und Eigenverantwortlichkeit des eigenen Unterrichts, aber auch die Betreuung bei Klassenfahrten und Ausflügen hätten zu einem enormen Wissenszuwachs geführt. Jedoch erzeuge die Anleitung unter Beobachtung einen enormen Druck und diese Besuche hätten mit dem Unterrichtsalltag als solchem nicht viel gemein. Nichtsdestotrotz bereite das Referendariat einen gut auf den Alltag vor und mit der Zeit unterrichte es sich auch leichter. Es sei und bleibe jedoch ein harter Weg bis in den Lehrerberuf.

Kooperation an der Schule

Im Vergleich zu ihrer vorherigen Schule während ihres Referendariats sei die Kooperation an dieser Schule wesentlich höher. Die gegenseitige Unterstützung und der gegebene Austausch von Erfahrungen und Material schaffe ein gutes Arbeitsklima, in dem ältere und jüngere Lehrer viel voneinander lernten. Auch die Schulleitung wisse von dem Alltag seiner Lehrkräfte und unterstütze im Rahmen ihrer Möglichkeiten.

Fortbildungen erfolgen überwiegend während pädagogischer Tage. Man finde sich aber auch innerhalb des Kollegiums zusammen um gemeinsam Fortbildungen zu besuchen.

> „Ja, aber eher im Rahmen pädagogischer Tage. Ich schließe mich aber gerne mit Kolleginnen zusammen und wir besuchen gemeinsam Fortbildungen." (Z. 1157-1159)

Die Schulleitung sei natürlich an Weiterbildung ihrer Lehrkräfte interessiert, behielte aber auch die anfallenden Belastungen des Schulbetriebs im Blick und zöge daher Fortbildungen an Wochenenden vor. B2 räumt ein, gerne mehr Fortbildungen zu besuchen, habe aber auch ein schlechtes Gewissen, Kollegen ihre Arbeit aufzudrücken.

> „Ich würde gerne mehr Fortbildungen machen, aber es fehlen die Zeit und die Kraft dazu." (Z. 1166-1167)

> „[M]an hat dann auch mal ein schlechtes Gewissen gegenüber Kollegen, wenn die dann Vertretungsunterricht machen müssen." (Z. 1168-1169)

Unter der Berücksichtigung ihrer noch kurzen Berufszeit fällt es ihr schwer einen Wandel in der Lehrerwahrnehmung anderer zu beurteilen. Ihr fiele aber auf, dass Leute von außerhalb die Schwierigkeiten des Berufes mit der bezahlten Ferienzeit und sicheren Pension kleinredeten, obwohl gerade letztere ja noch weit weg sei und das Hier und Jetzt nicht erleichtere. Es sei nervtötend, sich für die guten Aspekte rechtfertigen und mit Vorurteilen aufräumen zu müssen. Es fehle die Empathie dafür, dass große Teile der Arbeit sich außerhalb der Schule abspielten und man sich auch bedingt durch die persönliche Beziehung zu den Schülern, außerhalb des Unterrichtes über deren Wohl Gedanken mache.

> *„[...] [D]ie meisten Leute haben nicht wirklich Ahnung, was alles mit dem Lehrerberuf zusammenhängt." (Z. 1186-1187)*

Es sei möglich auch mal abzuschalten, aber gerade dafür seien die langen Ferien umso wichtiger. In dieser Zeit müsse man Arbeiten für den Beruf leisten, wie etwas sich für das neue Schuljahr gut zu organisieren und aufzustellen.

Aus der Elternschaft oder dem unmittelbaren Bekanntenkreis erfahre man Anerkennung für die geleistete Arbeit, Menschen die einen geringeren Bezug zur ihrer Profession hätten, seien oft überrascht über das breite Spektrum der anfallenden Aufgaben. Über einen Einblick von einer Woche in den Unterrichtsalltag, könnte mit vielen Vorurteilen aufgeräumt werden.

Lehrerbild in der Gesellschaft

Die Erwartungshaltung durch Teile der Gesellschaft und Politik sei unverhältnismäßig hoch, so dass sich die Probandin gelegentlich schon ungerecht behandelt fühle. Ideen und Erlässe, wie beispielsweise die Inklusion und G8, würden den Lehrenden von außerhalb aufgedrückt ohne sich um eine gute Umsetzung zu bemühen. Eine grundlegende, kostspielige und langfristige Reformation des Schulsystems seien notwendig, jedoch noch nicht in Aussicht.

Die Bezahlung und das Privileg eines sicheren Arbeitsplatzes trügen der geleisteten Arbeit Rechnung. Allerdings sieht B2 nicht, warum die Bezahlung innerhalb der Schulformen derart voneinander abweiche. Sicherlich seien einfachere Inhalte zu vermitteln, als an weiterführenden Schulen, jedoch leiste man vergleichsweise mehr soziale und psychologische Arbeit. Diese enge Schülerbeziehung sei zwar schön, belaste aber auch. B2 hofft, dass die Besoldung der Grundschullehrer sich denen der anderen Schulformen angleicht.

Ihre Motivation zöge sie vor allem aus dem Vertrauen und der Zuneigung der Schüler. Da sie erst kurze Zeit in diesem Beruf arbeite und der Weg dorthin anstrengend war, sei die Motivation ohnehin noch hoch. Sie könne sich aber vorstellen, dass sich dies mit den Jahren ändern könne und zieht für sich auch ein Sabbatjahr in Erwägung.

Insgesamt seien die teils unrealistischen Erwartungshaltungen der Eltern und Gesellschaft sowie viele unlösbare Probleme der Kinder die größte Belastung beziehungsweise der größte Wermutstropfen in ihrer Tätigkeit. Auch die oft fehlende Unterstützung bei der Umsetzung neuer Reformen erschwerten den Alltag.

5.3 Vergleichende Analyse der Interviews

Bei der Durchführung der Interviews wurde durch die Befragung zweier völlig unterschiedlicher Grundschullehrerinnen beabsichtigt aufzuzeigen, wo durch individuelle Unterschiede eine differenzierte Sichtweise vorliegt, im Gegenzug aber auch warum trotz persönlicher Unterschiede Einigkeit besteht. Zudem sollte diese empirische Untersuchung aufzeigen, unter welchen Bedingungen Lehrer lehren und wo heutzutage das Augenmerk im Lehrberuf liegt.

Der signifikanteste Unterschied der beiden Probandinnen liegt natürlich im Alter und der damit verbundenen Berufserfahrung. Dies äußerte sich besonders bei der Beantwortung der Frage nach der Entwicklung der letzten Jahre in den unterschiedlichsten Kategorien. B1 bestätigt, dass sich die Amtsautorität des Lehrers als solche gewandelt habe und sich Schüler und Eltern ihr anders gegenüber verhielten als früher. B2 greift in diesem Zusammenhang auf Erinnerungen an ihre eigene Schulzeit zurück, bestätigt letztlich aber den Eindruck von B1.

Insgesamt neigten viele Punkte zur Ungleichheit. Während manche Schüler schon von Haus aus gut erzogen und mit vielen Fertigkeiten in die Schule geschickt würden, gäbe es auf der anderen Seite auch mehr Schüler, wo sich die Erziehungsberechtigten ihrer Verantwortung entzögen. Gleichzeitig sei auch ein rückläufiger Trend bezüglich des Elternengagements an der Schule zu erkennen.

Beide lehnen eine Orientierung am skandinavischen ‚Erfolgsmodell' ab – aus unterschiedlichen Gründen. B2 sieht sich nicht in der Lage angemessen zu beurteilen, ob eine ähnliche Umsetzung in Deutschland zielführend und machbar wäre. Insgesamt spricht sie sich jedoch für eine längere Fortführung der bestehenden Klassen um weitere Jahre aus. Man könne nicht in so jungem Alter schon mit aller Sicherheit sagen, welche Schulform für jedes einzelne Kind die richtige sei. Sie bevorzugt Modelle, in denen Schüler eine längere gemeinsame Schullaufbahn verfolgen, ehe eine Unterteilung erfolge, wie es beispielsweise in Berlin oder Neuseeland der Fall sei. B1 hingegen befindet vier Grundschuljahre für ausreichend, darüber hinaus habe sie es nie anders kennengelernt. Ihrer Erfahrung nach hätten sich ein Großteil der zum Ende der Grundschullaufbahn angestellten Prognosen bestätigt.

Differenzierung und individuelle Förderung sind so wichtig, wie noch nie. Gleichzeitig herrscht eine gewisse Ziellosigkeit bezüglich der Unterrichtsinhalte, da durch offen gehaltene Lehrpläne die Vermittlung von Grundwissen nur noch bedingt stattfindet und das Augenmerk stattdessen auf Kompetenzvermittlung gelenkt wird.

Trotz ihrer zeitlich versetzten und unterschiedlichen Ausbildung erkennen beide eklatante Mängel in der heutigen Ausbildung von Grundschullehrern. B2 beklagt zu wenig existierende spezialisierte Seminare für Grundschullehrer und auch B1 gewann in den letzten Jahren den Eindruck, dass nicht alle Berufsanfänger wirklich wüssten, worauf sie sich eingelassen haben.

Insgesamt sei die Palette an individuellem Förderbedarf im Vergleich zu früher viel breiter und Abweichungen von ‚normalen' Schülern, das heißt solcher ohne sonderpädagogischem Förderbedarf, seien facettenreich. Es wird durch diese stetig steigende Leistungsheterogenität immer komplizierter die Balance zwischen individueller Förderung und Leistungsvorgaben zu finden. Es ist schwierig den gestiegenen Belastungen und dem Förderbedarf aller Kinder gerecht zu werden. Nicht allen Schülern wegen des Zeitdrucks gezielt weiterhelfen zu können, löse oftmals Selbstzweifel aus. Man müsse lernen damit umgehen zu können, nicht jeden Schüler ‚mitnehmen' zu können und an seiner eigenen Frustrationstoleranz arbeiten.

Beide Interviewpartnerinnen begrüßen zwar die inhaltlich oft gut gemeinten Reformen, beklagen allerdings eine unzureichende Planung und eine damit einhergehende schwierigere Umsetzung durch die Lehrenden.

Alles in allem erschwerten eine deutliche Verschlechterung der Voraussetzungen (z.B. Heterogenität der Schülerschaft) und der

Rahmenbedingungen (z.B. höhere Stundenanzahl) ein Gelingen des Unterrichts und damit des Bildungsauftrags.

6 Fazit und Ausblick

Wie stellt sich nun nach all den genannten Fakten und der empirischen Untersuchung die Berufssituation des Grundschullehrers in Hessen dar?

In den durchgeführten Interviews berichteten beide Lehrerinnen von einer immer vielseitigeren wachsenden Herausforderung. Beide sind sich darüber einig, dass sich die Schülerschaft im Gegensatz zu früher verändert hat. Viele vormals klar elterliche Aufgaben werden an Schulen weitergegeben, weil Eltern sich insgesamt weniger mit ihren Kindern beschäftigen (können). Die eigentlich für die Wissensvermittlung vorgesehene Zeit nimmt aufgrund öfter auftretender Störfaktoren stark ab. Lehrer fühlen sich enorm belastet: Unterrichtsstörungen, Zeitstress, schwierige Schüler, nörgelnde Eltern oder Ärger über Bürokratie und Schulverwaltung.[163] All diese Aspekte zählen zu den vielen Belastungsfaktoren, mit denen heutige Lehrer tagtäglich zu kämpfen haben.

Die gesellschaftlich geforderte und in jedem Falle notwendige Reform hin zur Ganztagsbetreuung hat sowohl die Arbeitszeit, also auch den Aufgabenbereich der Lehrer erweitert. Betrachtet man den durchschnittlichen Alltag eines Grundschullehrers in der Schule so beginnt dieser ab 7:30 Uhr mit Betreten des Schulgeländes und endet nach Konferenzen, Arbeitsgemeinschaften, Elterngesprächen in der Regel zwischen 15 und 16 Uhr. Das macht 7,5 bis 8,5 Stunden pro Tag. Nicht eingerechnet sind Unterrichtsvorbereitung, das Konzipieren und Korrigieren von Klausuren und Tests, Fortbildungen, Klassenfahrten, Telefongespräche mit besorgten Eltern, Jugendämtern, Sozialpädagogen etc. Veranschlagt man in diesem Falle nur weitere zwei Stunden pro Tag, so befindet sich man bei 50 Stunden pro Woche. Unter der Betrachtung der Angaben des Statistischen Bundesamtes, wonach der

---

[163] vgl. Gudjons 2006: S. 159.

durchschnittliche Vollzeitbeschäftigte 41,3 Stunden pro Woche leistet[164], wird einem hier der enorme Arbeitsaufwand erst wirklich bewusst.

In Bezug auf die Anforderungen an Lehrer besteht allerdings das Problem, dass diese nicht klar definiert sind. Neben den gegebenen formellen Anforderungen an Grundschullehrer muss er sich darüber hinaus selbst hinterfragen, welche Schwerpunkte ihm in Hinblick auf seine Schüler und seinen Unterricht wichtiger erscheinen als andere. Daher gehört es zu ihren wichtigsten Aufgaben respektive Fähigkeiten, die eigenen Ansprüche mit denen der Gesellschaft zu vereinbaren. Berufsziele müssen so ausformuliert werden, dass Erfolge überhaupt erkennbar werden können. Bei zu idealistischen und überhöhten Zielen besteht das Risiko einer permanenten Frustration, die letztlich bis hin zum Burnout führen kann. Der Lehrerberuf ließe sich weitaus besser bewältigen, wenn mit Anforderungen reflektiert umgegangen würde und Gefahren eines Überengagements oder einer Selbstüberforderung erkannt und wahrgenommen würden. Hierfür bedarf es der Kenntnis von Methoden zur Bewältigung oben genannter Hürden.

Es lässt sich keine endgültige Aussage über die Meinung Außenstehender zum Beruf des Grundschullehrers treffen. Einerseits sehen viele das wachsende Aufgabenspektrum und erkennen die Leistung an, bewerten den Lehrerberuf dennoch als nicht besonders attraktiv. Andererseits gibt es nach wie vor viele Leute, die überrascht sind von der geleisteten Arbeit und solche, die sich nicht die Mühe machen mehr als nur die offenkundigen Vorteile zu bewerten.

Dabei ist der Erziehungsauftrag in keiner anderen Schulform so groß und ausgeprägt wie in der Grundschule. Die eigentliche Unterrichtsstoffvermittlung tritt oftmals in den Hintergrund. Nicht zu vergessen bleibt die Tatsache, dass im Gegensatz zur weiterführenden Schule hier die Heterogenität besonders hoch ist und somit eine individuell, für jedes einzelne Kind gerechte und angemessene Förderung bei einer Klassenstärke von 20 bis 25 Schülern schwerlich oder nicht zu leisten ist.

Kaum ein Thema ist in der hessischen Bildungslandschaft so umstritten wie die Inklusion. Es muss ein Bewusstsein darüber geschaffen werden, dass Inklusion zum ‚Nulltarif‘ nicht funktioniert. Denn für das Personal des bestehenden

---

[164] vgl. Statistisches Bundesamt (Destatis) 2017.

Systems ist es schlichtweg unmöglich den gestiegenen Anforderungen ohne ausreichende Unterstützung gerecht zu werden. Bisherige Investitionen und aktuelle Förderungen bringen nur minimale und kurzfristige Verbesserung, da Sonderpädagogen nur wenige Stunden in einer Klasse bleiben. Jedoch sind keine Änderungen seitens des Kultusministeriums in Sicht. Sonderpädagogik ist trotz Inklusion nach wie vor kein fester Bestandteil des Grundschullehramtsstudiums geworden. Wenn man Inklusion aber wirklich ernst meint und nicht mit Integration verwechselt, reichen Fortbildungen nicht aus, es braucht stattdessen eine zusätzliche sonderpädagogische Ausbildung, um die Lerndefizite der Schüler nicht nur zu diagnostizieren, sondern letztere auch sinn- und zielführend zu fördern.

Nicht nur die Inklusion trägt zu einem immer heterogeneren Bild der Schullandschaft bei; auch durch Digitalisierung, Integration und Ganztagsschule stoßen Lehrer an ihre Grenzen. Es muss ein Umdenken und eine massive Anpassung an die Gegebenheiten des schulischen Alltags stattfinden, anstatt mit den Ideen des vorherigen Jahrhunderts weiterzumachen. Es ist wenig überraschend, dass viele Bundesländer, darunter auch Hessen, bei gleichbleibender Entwicklung Probleme haben und haben werden, genügend gut qualifizierte Lehrkräfte anstellen zu können. Die Regelstudienzeit von sieben Semestern und der dann, im Vergleich zu anderen Schulformen geringeren Besoldung, spricht nicht gerade dafür, diese Form des Lehramtes anderen vorzuziehen.

Der Start in das Berufsleben eines Grundschullehrers ist mit einem Sprung ins kalte Wasser zu vergleichen, da das Studium angehende Lehrer oft nur unzureichend auf den praktischen Unterrichtsalltag vorbereitet. In Schulen mit Inklusionsprofil stoßen Kinder mit verschiedensten Aufmerksamkeitsproblematiken aufeinander. Wegen verhaltensauffälliger Schüler fällt es schwer sich auf das eigentliche Unterrichten zu konzentrieren.

Lehrkräfte sollten sich die Grenzen ihrer Einflussmöglichkeiten vor Augen halten. Lehrer sind keine ‚Übermenschen' und sollen sich auch nicht als solche präsentieren. Sie können Lernen zwar anregen, aber nicht immer verursachen. Ihr Unterricht stellt ein Angebot dar, das allerdings von Schülern genutzt werden will. Die steigenden Anforderungen an Lehrer lassen den Beruf erstmal unmöglich erscheinen. Es geht jedoch nicht um die Erfüllung aller bekannten Anforderungen, sondern vielmehr darum, einen Mittelweg zu finden und selbst zu definieren, welche Anforderungen wichtiger sind als andere. Der Beruf des Lehrers ist also durchaus zu bewältigen. Der richtige Umgang mit Belastungen und Anforderungen und eine ausgewogene ,Work-Life-Balance' sind hierfür der Schlüssel und letztlich unabdingbar.

Das Berufsbild des Lehrers ist offensichtlich im Umbruch, da das Aufgabenfeld sich drastisch verändert hat. Es besteht augenscheinlich dringender Nachholbedarf bei der Umsetzung von Inklusion und der Integration von Schülern mit verschiedensten (Lern-)Problemen.

Es sind in zunehmendem Maße unterschiedliche Lernangebote für unterschiedliche Bedürfnisse der Schüler notwendig, was den Schulalltag erheblich komplexer gestaltet. Um diesen besser bewältigen zu können, sollte beispielsweise der Betreuerschlüssel deutlich reduziert werden und den Lehrern mehr Hilfsmittel und eine bessere Ausstattung zur Bewältigung ihrer Aufgaben zur Verfügung gestellt werden. Der Lernbegriff ist nämlich geprägt von der Beziehungsfähigkeit zwischen Lehrern, Eltern und Schülern. Je intensiver die pädagogische Beziehung eines Lehrers zu seinem Schüler ist, desto wohler fühlt sich letzterer, der infolgedessen eher eine höhere Leistung erbringen kann. Dies ist jedoch nur durch eine Aufstockung des Personals mittels deutlich höherer Investitionen möglich, um ein besseres Zahlenverhältnis von Schülern zu Lehrern in einer Klasse zu erreichen. Je kleiner eine Klasse beziehungsweise je weniger Schüler auf einen Lehrer treffen, desto höher ist der Lerneffekt.

Ein möglicher Lösungsansatz zur Entlastung einzelner Lehrkräfte könnte eine Art gemeinsames Unterrichten sein. Der Lehrer als ,Einzelkämpfer' hat ausgedient. Es soll nicht unbedingt mehr Expertise gefordert werden, sondern zusätzliches Personal, welches die gestiegenen Anforderungen ausgleicht. Wenn nämlich zwei oder mehr Lehrer in einem multiprofessionellen Team den Unterricht gemeinsam leiten würden, wie es andernorts bereits der Fall ist, würde die Zahl an über- beziehungsweise unterforderten Schüler sinken. Auf diese Weise könnte sich besser auf die Bedürfnisse des einzelnen Schülers konzentriert werden, ohne den laufenden Unterricht abbrechen zu müssen, da ein Lehrer das Thema fortführen kann. So könnten leistungsschwache Schüler mehr gefördert und leistungsstarke mehr gefordert werden. Ein diversifiziertes Angebot an Materialien und Methoden könnte ein differenziertes Lernen ermöglichen, ohne dass jemand auf der Strecke bliebe. Andererseits dürfte es so auch zu weniger krankheitsbedingten Ausfällen von Lehrkräften kommen. Durch ein solches Lehrmodell würden alle profitieren.

Solche eine Umsetzung würde jedoch ein starkes Umdenken seitens der Lehrkräfte, intensive Vorbereitungen und Absprachen im Kollegium erfordern. Insgesamt ist nicht nur der Einsatz von mehr professionell ausgebildete Pädagogen notwendig, sondern auch wesentlich höhere Investitionen in den Bildungssektor. In einem Land wie Deutschland, welches sich mit einem hohen Bildungsanspruch rühmt, sollten die oben genannten Maßnahmen und Investitionen eine Selbstverständlichkeit sein.

7 Literaturverzeichnis

Monographien

Atteslander, Peter (2010): *Methoden der empirischen Sozialforschung*, Berlin: Erich Schmidt Verlag.

Beckmann, Udo / Brandt, Hjalmar / Wagner, Heinz (2004): *Ein neues Bild vom Lehrerberuf?*, Weinheim / Basel: Beltz Verlag.

Bründel, Heidrun / Bründel, Klaus-Heinrich (2010): *Fit für den Schulalltag. Psychosoziale Grundkompetenzen im Lehrerberuf*, Köln: Carl Link.

Combe, Arno / Buchen, Sylvia (1996): *Belastung von Lehrerinnen und Lehrern: Fallstudien zur Bedeutung alltäglicher Handlungsabläufe an unterschiedlichen Schulformen*, Weinheim / München: Juventa-Verlag.

Döring, Klaus Wolf (1989): *Lehrerverhalten*. Weinheim: Deutscher Studienverlag, zit. nach: Ulich, Klaus (1996): *Beruf: Lehrer/in. Arbeitsbelastungen, Beziehungskonflikte, Zufriedenheit*. Weinheim / Basel: Beltz Verlag, S. 17f.

Enzelberger, Sabrina (2001): *Sozialgeschichte des Lehrerberufs*, Weinheim / München: Juventa Verlag.

Flaake, Karin (1989): *Berufliche Orientierungen von Lehrerinnen und Lehrern.* Frankfurt: Campus, zit. nach: Ulich, Klaus (1996): *Beruf: Lehrer/in. Arbeitsbelastungen, Beziehungskonflikte, Zufriedenheit.* Weinheim/Basel: Beltz Verlag, S. 27.

Flick, Uwe (1998): *Qualitative Forschung: Theorie, Methoden, Anwendung in Psychologie und Sozialwissenschaften,* Reinbek bei Hamburg: Rowohlt.

Gläser, Jochen / Laudel, Grit (2010): *Experteninterviews und qualitative Inhaltsanalyse als Instrumente rekonstruierender Untersuchungen,* 4. Aufl., Wiesbaden: VS-Verlag.

Gudjons, Herbert (2006): *Neue Unterrichtskultur – veränderte Lehrerrolle,* Bad Heilbrunn.

Hirsch, Gertrude (1990): *Biographie und Identität des Lehrers. Eine typologische Studie über den Zusammenhang von Berufserfahrungen und beruflichem Selbstverständnis.* München.

Jendrowiak, Hans-Werner (1980): *Lehrer zwischen Angst und Auftrag.* Düsseldorf.

Klemm, Klaus (2015): *Inklusion in Deutschland. Daten und Fakten,* im Auftrag der Bertelsmann Stiftung.

Kuckartz, Udo / Dresing, Thorsten / Rädiker, Stefan / Stefer, Claus (2008): *Qualitative Evaluation. Der Einstieg in die Praxis,* 2. Aufl., Wiesbaden: Vs Verlag für Sozialwissenschaften.

Kühn, Lotte (2005): *Das Lehrer-Hasser-Buch. Eine Mutter rechnet ab,* München: Knaur Taschenbuchverlag.

Mayring, Philipp (2015a): *Qualitative Inhaltsanalyse. Grundlagen und Techniken,* 12. Aufl., Weinheim / Basel: Beltz.

Mayring, Philipp (2016): *Einführung in die qualitative Sozialforschung: eine Anleitung zu qualitativem Denken,* Weinheim / Basel: Beltz.

Schreckenberg, Wilhelm (1984): *Der Irrweg der Lehrerausbildung. Über die Möglichkeit und die Unmöglichkeit, ein „guter" Lehrer zu werden und zu bleiben.* Düsseldorf: Schwann.

Schwänke, Ulf (1988): *Der Beruf des Lehrers,* Weinheim: Juventa, zit. nach: Ulich, Klaus (1996): *Beruf: Lehrer/in. Arbeitsbelastungen, Beziehungskonflikte, Zufriedenheit.* Weinheim / Basel: Beltz Verlag, S. 29.

Terhart, Ewald (2000b): *Perspektiven der Lehrerbildung in Deutschland. Abschlussbericht der von der Kultusministerkonferenz eingesetzten Kommission*, Weinheim: Beltz.

Terhart, Ewald (2001): *Lehrerberuf und Lehrerbildung. Forschungsbefunde, Problemanalysen, Reformkonzepte*. Weinheim.

Ulich, Klaus (1996): *Beruf: Lehrer/in. Arbeitsbelastungen, Beziehungskonflikte, Zufriedenheit*. Weinheim / Basel: Beltz Verlag.

van den Berg, Gertrud (2005): *Lehrer. Was sie leisten. Was sie leiden. Was sie brauchen*. Breisgau: Herder.

Vogt, Stefanie / Werner, Melanie (2014): *Forschen mit Leitfadeninterviews und qualitativer Inhaltsanalyse*, Köln: Fakultät für Angewandte Sozialwissenschaften, Soziale Arbeit.

Aufsätze

Barth, Anne-Rose (1991): „Handeln unter Druck – Belastungssituationen des Beratungslehrers", in: Akademie für Lehrerfortbildungen Dillingen (Hrsg.): *25 Jahre Schulberatung*. Dillingen, S. 91-106.

Barz, Heiner / Singer, Thomas (1999): „Das Bild des Lehrers in der Öffentlichkeit. Variationen über einen einstmals geschätzten Berufsstand", in: *Die Deutsche Schule. Zeitschrift für Erziehungswissenschaft, Bildungspolitik und pädagogische Praxis*, 91. Jg. 1999/Heft 4, Weinheim: Jeventa Verlag GmbH, S.437-450.

Bastian, Johannes / Combe, Arno: „Angriffe auf den Lehrerberuf", in: *Pädagogik 3/2003*, S. 6-10.

Bering, Dietz (2006): „Vertuschtes Kernproblem: Das Ansehen der Lehrer", in: *Die Politische Meinung*, 51, S.41-44.

Blömeke, Sigrid (2005): „Das Lehrerbild in Printmedien. Inhaltsanalyse von ‚Spiegel'- und ‚Focus'-Berichten seit 1990", in: *Die Deutsche Schule*, 97. 2005/1, S.24-39.

Brückner, Hans-Jochen / Thon, Peter (2000): „Lehrerbildung aus der Sicht der 2. Ausbildungsphase", in: Cloer, Ernst u.a.: *Welche Lehrer braucht das Land? Notwendige und mögliche Reformen der Lehrerausbildung*, Weinheim: Juventa-Verlag, S. 268-281.

Demmer, Marianne (2003): „Vom faulen Sack zum armen Schwein…?", in: *Pädagogik*, 3/2003, S.20-24.

Die Kommissionen Schulpädagogik / Lehrerausbildung und Schulpädagogik / Didaktik der Deutschen Gesellschaft für Erziehungswissenschaft (DGfE) (2000): „Empfehlungen zur Weiterentwicklung der Ausbildung von Lehrerinnen und Lehrern", in: Bayer, Manfred: *Lehrerin und Lehrer werden ohne Kompetenz? Professionalisierung durch eine andere Lehrerbildung*, Bad Heilbrunn, S. 17-51.

Feiman-Nemser, Sharon / Floden, Robert E. (1991): „Die Berufskulturen von Lehrern", in: Terhart, Ewald: *Unterrichten als Beruf. Neuere amerikanische und englische Arbeiten zur Berufskultur und Berufsbiographie von Lehrern und Lehrerinnen*. Köln. S. 41-84.

Flitner, Andreas (1990): „Wirklichkeitssinn und Möglichkeitssinn – über Lehrerarbeit und Schulreform", in: Kalb, P.E. u.a. (Hrsg.): *Unterrichten – und was sonst?*, Weinheim: Beltz, S. 13-32, zit. nach Ulich, Klaus (1996): *Beruf: Lehrer/in. Arbeitsbelastungen, Beziehungskonflikte, Zufriedenheit.* Weinheim / Basel: Beltz Verlag, S. 18, 24.

Gudjons, Herbert (2000): „Belastungen und neue Anforderungen. Aspekte der Diskussion um Lehrer und Lehrerinnen in den 80er und 90er Jahren", in: Bastian, Johannes u.a. (Hrsg.): *Professionalisierung im Lehrerberuf. Von der Kritik der Lehrerrolle zur pädagogischen Professionalität*, Opladen: Leske + Budrich. S. 33-55.

Herzog, Walter / Makarova, Elena (2011): „Anforderungen an und Leitbilder für den Lehrerberuf", in: Terhart, Ewald / Bennewitz, Hedda / Rothland, Martin (Hrsg.): *Handbuch der Forschung zum Lehrerberuf*, Münster. S. 83-102.

Mayring, Philipp (2015b): „Qualitative Inhaltsanalyse", in: Flick, Udo: *Qualitative Forschung. Ein Handbuch*, 11. Aufl., Reinbek bei Hamburg: Rowolth Taschenbuch Verlag, S. 468-475.

Meuser, Michael / Nagel, Ulrike (2005): „ExpertInneninterviews - vielfach erprobt, wenig bedacht", in: Bogner Alexander / Littig, Beate / Menz, Wolfgang: *Das Experteninterview- Theorie, Methode, Anwendung.* Wiesbaden. S. 71-94.

Nieskens, Birgit (2009): „Personale Ressourcen stärken und Berufsanforderungen reflektieren", in: Kliebisch, Udo W. / Meloefski, Roland (Hrsg.): *Lehrer Gesundheit – Anregungen für die Praxis*, Baltmannsweiler. S. 31-44.

Osterwalder, Fritz (2003): „Schatten über der Schule – Schatten über den Lehrenden. Lehrerschelte und ihre historischen Funktionen", in: *Pädagogik 3/2003*, S.30-33.

Rothland, Martin (2007a): „‚Prestigegewinner' oder ‚Hassobjekte'? GrundschullehrerInnen im Spiegel der öffentlichen Meinung", in: *Die Grundschulzeitschrift*, 210, S.40-42.

Rothland, Martin (2007b): „Sind faule Säcke passé?", in: *Die Deutsche Schule*, 99. 2/2007, S.175-191.

Süssmuth, Rita (1984): „Entprofessionalisierung und Professionalisierung in der Lehrerausbildung", in: Süssmuth, Rita: *Lehrerbildung und Entprofessionalisierung. Europäische Ansätze zu einem erweiterten Praxisverständnis*, Böhlau, S. 1-15.

Terhart, Ewald (2000): „Lehrerbildung und Professionalität. Strukturen, Probleme und aktuelle Reformtendenzen", in: Bastian, Johannes u.a.: *Professionalisierung im Lehrerberuf. Von der Kritik der Lehrerrolle zur pädagogischen Professionalität*. Opladen, S. 73-85.

Internetquellen

Bellinghausen, Jürgen (2003): Leserbrief, in: DER SPIEGEL: *Wie unsozial darf (muss) die SPD sein?*, Nr. 47/2003, S. 14, URL: <http://magazin.spiegel.de/EpubDelivery/spiegel/pdf/29212844> (letzter Zugriff: 02.10.2017).

Forschungsgruppe Weltanschauungen in Deutschland (fowid) (2017): „Berufsprestige 2013-2016", online: <https://fowid.de/meldung/berufsprestige-2013-2016-node3302> (letzter Zugriff: 20.09.2017).

Hessische Lehrkräfteakademie (2017): „Bildungsstandards", <https://verwaltung.hessen.de/irj/LSA_Internet?uid=17810499-bf5d-bf31-79cd-aa2b417c0cf4> (letzter Zugriff: 11.10.2017).

IfD Allensbach (2012): *Geeignet für den Lehrerberuf? Repräsentativbefragung der Bevölkerung zum Lehrerberuf im Vergleich zur eigenen Beschäftigung. Zwei Lösungsmodelle für neue Wege in der Lehrerbildung*, München: Eberhard von Kuenheim Stiftung der BMW AG, < http://www.ifd-allensbach.de/uploads/tx_studies/v.Kuenheim_Eignung_Lehrerberuf.pdf> (letzter Zugriff: 20.09.2017)

Internet-Lexikon der Methoden der empirischen Sozialforschung (ILMES) (2008): „Transkription", <http://wlm.userweb.mwn.de/Ilmes/ilm_t9.htm> (letzter Zugriff: 25.09.2017).

Statistisches Bundesamt (Destatis) (2017): „Qualität der Arbeit. Dimension 3: Arbeitszeit, Ausgleich von Beruf und Privatleben", <https://www.destatis.de/DE/ZahlenFakten/Indikatoren/QualitaetArbeit/Qualitaet Arbeit.html?cms_gtp=318944_slot%253D3&https=1> (letzter Zugriff: 17.09.2017).

Varkey GEMS Foundation (2013): *2013 Global Teacher Status Index*, < https://www.varkeyfoundation.org/sites/default/files/documents/2013Global TeacherStatusIndex.pdf> (letzter Zugriff: 19.09.2017).

8 Darstellungsverzeichnis

9 Anhang

Interview 1

1   I: *„Ihr persönlicher Werdegang hin zur Grundschullehrerin?"*

2

3   B1: „Also ich bin 1960 geboren und habe 1978 Abitur gemacht. Bei mir war es

4   so, dass ich schon immer gerne mit Kindern gearbeitet habe. Ich bin in der

5   evangelischen Kirchengemeinde in Heidelberg groß geworden und habe mich

6   schon früh in der Jugendarbeit engagiert. Eigentlich habe ich schon früh für mich

7   entschieden, entweder Religionspädagogik oder Grundschullehramt mit

8   Hauptfach Religion zu studieren. Auf Empfehlung des Arbeitsamtes habe ich

9   mich letztlich für das Grundschullehramt entschieden und ich habe dann in

10   Heidelberg an der pädagogischen Hochschule studiert und das Studium dort

11 auch relativ zügig, innerhalb von drei Jahren, durchgezogen. Das war auch
12 letztlich gut so, weil ich dann schwanger wurde und meine Tochter zur Welt
13 kam. Ich habe dann ein halbes Jahr ausgesetzt und dann, sozusagen mit Baby,
14 mein Referendariat in der Nähe von Heidelberg gemacht. Das lief trotz der
15 Doppelbelastung ganz gut und ich habe meine Prüfung auch ganz gut
16 abgeschlossen, mit 1,8. Doch da wir damals in Baden-Württemberg zu viele
17 Lehrer hatten, war die Aussicht auf eine feste Stelle sehr schlecht. Ich habe dann
18 auch prompt eine Absage bekommen und wusste damals eigentlich nicht, ob ich
19 trotz meiner Ausbildung jemals in meinem Beruf würde arbeiten können. Um
20 mich über Wasser zu halten, habe ich dann erst einmal als Sekretärin gearbeitet,
21 was wahrlich nicht mein Traumberuf war. Dann bin ich nach Hessen umgezogen
22 und habe dann 1990, also mit 30 Jahren, meine erste Lehrerstelle bekommen.
23 Hier in Hessen, ging es damals auch um die Fächerkombinationen und Religion
24 war gesucht. In Baden-Württemberg ging es eigentlich immer nur um den
25 Notenschnitt. Ja, ich war dreißig, als ich das erste Mal als fertige Lehrerin
26 arbeiten konnte und meine Tochter wurde gleichzeitig eingeschult.“

27

28 I: „*Schwierig nach der langen Auszeit?*“

29

30 B1: „Ja, der Einstieg war nicht so leicht. Ich kam an eine Schule in Offenbach,
31 mit relativ schwierigen Schülern. Also der Klassiker. Vom trauten Heidelberg
32 an eine Brennpunkt Schule in Waldhof. Wir hatten dort aber ein tolles
33 Lehrerkollegium, ein echtes Team. Und dieses Team war für mich auch eine
34 große Hilfe, also gerade wenn es um Schwierigkeiten mit Kindern ging. Ich habe
35 dort in relativ kurzer Zeit sehr viel gelernt und wichtige Erfahrungen gemacht,
36 die mir später immer weitergeholfen haben. Wir hatten dort auch eine richtig
37 kompetente Beratungslehrerin, mit ihr haben wir alle zwei Wochen
38 zusammengesessen und uns über schwierige Kinder ausgetauscht. Das war für
39 mich wie ein tolles Geschenk und verhalf mir auch zu einem guten Start in den
40 Lehrerberuf.“

41

42 **Fragen zum Bereich: „Schüler“**

43 I: „*Stichwort Veränderte Kindheit! Die familiäre Situation vieler Kinder hat sich*
44 *mittlerweile stark verändert, macht sich das im Unterrichtsalltag bemerkbar?*“

45

B1: „Also ich muss sagen, ich habe es eigentlich immer gehasst, wenn Eltern und Kolleginnen gesagt haben, früher war alles besser und wir konnten schwierigere Arbeiten schreiben usw. Ich denke eigentlich nicht, dass die heutigen Schüler schwächer geworden sind. Ich denke nicht, dass man Klassenarbeiten von früher heute nicht mehr schreiben könnte. Allerdings finde ich schon, dass die Kinder heutzutage mit größeren Problemen in die Schule kommen als beispielsweise noch vor 20 Jahren. Viele bringen ja schon eine dicke Akte aus dem Kindergarten mit, sind dort schon auffällig geworden, benötigen Therapien usw. Auffällig ist meiner Meinung nach, dass sich viele Kinder deutlich schlechter über einen längeren Zeitraum konzentrieren können. Sie bauen schneller ab, als früher. Viele sind es überhaupt nicht gewohnt, eine Arbeit zu beenden, dran zu bleiben. Sie sind sehr Lust gesteuert und sehen häufig nicht ein, dass sie auch mal Dinge tun müssen, die ihnen keinen Spaß machen. Obwohl in der Regel ja alle Kinder im Kindergarten waren, verhalten sich viele von ihnen wie kleine Prinzen und Prinzessinnen. Sie erwarten von uns, dass wir uns praktisch permanent um sie persönlich und ihre Bedürfnisse kümmern. Dass dort noch zwanzig andere ebenfalls Hilfe und Aufmerksamkeit brauchen interessiert sie eigentlich nicht.

Unterhält man sich mit ihnen über ihre Freizeit, dann ist es häufig so, dass der eine Teil von Termin zu Termin hetzt und der andere Teil nur zuhause vor der Glotze oder dem PC geparkt wird. Manche Kinder haben einen Terminkalender wie ein Manager. Da wird dann nach Zeitfenstern gesucht, um ein Treffen mit einem Freund zu ermöglichen. Viele Kinder gehen gleich mehreren Hobbys nach. Sie lernen ein Instrument, gehen in den Sportverein. Zusätzlich haben viele schon Nachhilfe. Es kommt eigentlich kaum noch vor, dass ein Kind einfach nach Hause geht und nichts vorhat. Was aber enorm wichtig wäre. Es tut auch mal gut, auf dem Bett zu liegen und ein Buch zu lesen. Es ist auch wichtig, sich mal zu langweilen. Dann kommen einem nämlich Ideen, wie man sich selbst beschäftigen könnte. Das kommt meiner Meinung nach alles viel zu kurz. Das zeigt sich auch im Unterricht. Kaum haben die Kinder eine Arbeit beendet, dann stehen sie schon vor mir und fragen, was sie jetzt tun sollen. Einfach mal sitzenbleiben und abwarten was als nächstes kommt geht gar nicht mehr. Gemeinsame Familienaktivitäten und Gespräche finden in vielen Familien immer seltener statt. Selbst ein gemeinsames Abendessen als Abschluss des

80 Tages gibt es häufig nicht mehr. Das ist sehr traurig und kann nicht gut für die
81 Entwicklung sein. Auch gerade im Hinblick auf das Sozialverhalten, das
82 Miteinander.

83 Ich will den Eltern ja auch keinen Vorwurf machen, viele müssen nun mal den
84 ganzen Tag arbeiten gehen und sind dann müde und abgespannt, haben keine
85 Lust mehr, sich mit den Kindern auseinanderzusetzen. Vieles fällt dann auch
86 dem hohen Medienkonsum zum Opfer. Im Unterricht macht sich das auch häufig
87 an Kleinigkeiten bemerkbar, die aber den Ablauf massiv stören und die
88 Lerngruppe aufhalten. Das fängt schon damit an, dass nie alle Schüler alle
89 notwendigen Materialien dabei haben. Dem einen fehlt Bastelmaterial, dem
90 nächsten fehlen die Sportsachen, der andere hat seine Bücher nicht dabei usw.
91 Geld für Ausflüge oder Materialien läuft man oft wochenlang hinterher, weil die
92 Eltern sich nicht kümmern, nicht regelmäßig in die Postmappe schauen usw. Das
93 hält immer den ganzen Betrieb auf und ist auch für den jeweiligen Schüler nicht
94 gut. Er bekommt Ärger, kann nicht mitmachen oder anfangen. Das sind natürlich
95 keine guten Voraussetzungen für ein erfolgreiches Lernen."

96

97 I: „Wird die Erziehung der Kinder an die Lehrer weitergegeben?"

98

99 B1: „Ja auf jeden Fall ganz klar ja. Beispiele gefällig?
100 Überdurchschnittlich viele Kinder kommen heute in die Schule und können
101 manches gar nicht mehr. Sie können keine Schuhe binden, keine Jacke zu
102 machen, keine Nase mehr putzen. Ich kaufe dann die Taschentücher für die
103 Kinder von meinem Geld, da sie oft nicht mal welche dabei haben, wenn sie
104 erkältet sind. Es kommen manche Kinder in die Grundschule, die können nichts,
105 was eigentlich mit sechs Jahren selbstverständlich sein müsste. Sie können keine
106 Schere richtig halten, können nicht gut ausmalen, können nicht werfen oder
107 fangen, sie kennen die Würfelbilder nicht, weil zuhause keine
108 Gesellschaftsspiele mehr gespielt werden, viele Viertklässler können noch nicht
109 schwimmen oder Fahrrad fahren. Das sind aus meiner Sicht alles Dinge, die
110 Eltern ihren Kindern beibringen müssten. Das sind elementare Fähigkeiten.
111 Ganz zu schweigen von Werten wie Höflichkeit, Respekt, Hilfsbereitschaft, von
112 „Bitte", „Danke" und „Entschuldigung". Spricht man die Eltern auf diese
113 Defizite an, bekommt man nicht selten die Antwort, dass sie dafür leider keine

Zeit haben respektive dass dies ja wohl der Job der Kindergärten und der Schulen
115 wären. Aber klar, es gibt immer noch viele Eltern die engagiert sind und ihre
116 Erziehungsziele auch mit Liebe und Konsequenz durchsetzen. Es gibt aber auch
117 Eltern, die sich durch die Aufgabe ein Kind zu erziehen komplett überfordert
118 fühlen und dies auch mir gegenüber ansprechen. Ich finde, dass die Schere
119 zwischen liebevoll und gut erzogenen und nicht erzogenen, ja teilweise
120 verwahrlosten Kindern inzwischen sehr stark auseinander geht und dass dies alle
121 gesellschaftlichen Schichten gleichermaßen betrifft. Es gibt in jeder Schicht gut
122 und schlecht vorbereitete Kinder für das Lernen und für das soziale
123 Miteinander."

124

125 I: „*Wäre ein Jahr weniger Kindergarten und dafür ein Jahr Vorschule eine Hilfe*
126 *für die Lehrer?*"

127

128 B1: „Also ich würde eigentlich gerne wieder ein Stück weit in den Kindergarten
129 zurückgeben. Vielleicht weniger offene Gruppen, in denen die Kinder zum Teil
130 nicht basteln und malen müssen, keine Dinge zu Ende bringen müssen. Klar,
131 man kann ein Kind schlecht zwingen zu basteln, Aber man kann es meiner
132 Meinung nach schon konsequent anbahnen und einfordern. Es ist wichtig, dass
133 sie schon im Kindergarten lernen im Stuhlkreis zu sitzen, anderen zuzuhören,
134 sich auch mal für eine gewisse Zeit zu konzentrieren. Das fehlt mir oft etwas.
135 Allerdings lässt sich vieles natürlich auch nicht umsetzen, wenn eine Erzieherin
136 für 25 Kinder zuständig ist. Vielleicht sollte man sich auch eher in Richtung
137 Flex[165] orientieren, in der Kinder dann die Flex in drei Schuljahren durchlaufen
138 können oder fitte Kinder dann eben nur ein Jahr in der Flex bleiben. Das würde
139 ich dann eher bevorzugen, als die klassische Vorschule. Aber die werden ja
140 ohnehin immer mehr abgebaut. Es gibt halt überall Vor- und Nachteile."

141

142 I: „*Kann es aus Ihrer Sicht Chancengleichheit für alle Schüler bei*
143 *unterschiedlichen Einzugsgebieten geben?*"

144

---

165 Flexible Eingangsstufe

145 B1: „Gibt es überhaupt Chancengleichheit? Das hängt ja letztlich von vielen
146 Faktoren ab. Selbst im gleichen Einzugsgebiet gibt es ja immer noch gänzlich
147 unterschiedliche Elternhäuser. Für mich steht und fällt alles mit dem Elternhaus.
148 Weniger mit dem Einzugsgebiet. Und da alle Kinder eine eigene individuelle
149 Lebensgeschichte haben, kann es Chancengleichheit nur bedingt geben.“

150

151 I: *„Bemühen Sie sich um Chancengleichheit?“*

152

153 B1: „Eigentlich täglich. Ich versuche bestmöglich zu differenzieren. Ich sorge
154 dafür, dass Kinder deren Eltern in schulischen Angelegenheiten überfordert sind,
155 in unsere Betreuung können, bei uns Hausaufgaben machen können usw. Oft
156 mache ich mir noch spät abends Gedanken über diese Kinder, weil ich weiß, dass
157 ihre Eltern ihnen die notwendige Unterstützung eben nicht geben bzw. geben
158 können.“

159

160 I: *„Beim Übergang auf die weiterführende Schule entscheiden in Hessen letztlich*
161 *die Eltern. Ist das aus Ihrer Sicht sinnvoll?“*

162

163 B1: „Nein, ich halte das nicht für optimal. Es führt nämlich dazu, dass diese
164 Übergangsgespräche von immer weniger Eltern ernst genommen werden. Wir
165 haben mittlerweile tatsächlich schon im 3. Schuljahr damit begonnen den Eltern
166 zu erläutern, welche Anforderungen für welchen Bildungsgang notwendig sind,
167 sodass sie ausreichend Zeit haben, ihr Kind im Hinblick auf die kommenden
168 Anforderungen der einzelnen Schulzweige zu beobachten und möglichst
169 realistisch einzuschätzen. Das alles zeigt aber nur sehr selten den gewünschten
170 Erfolg. Die meisten Eltern wollen ihr Kind auf Biegen und Brechen auf das
171 Gymnasium schicken. Sie ignorieren schlicht die möglichen negativen
172 Auswirkungen und Konsequenzen die dieser Schritt für ihr Kind haben könnte.
173 Obwohl es allein schon aufgrund der Noten offensichtlich sein sollte, dass das
174 Kind den Anforderungen eines Gymnasiums nicht gerecht werden kann, wird
175 das ohne Rücksicht auf Verluste durchgezogen. Wir reden uns oft den Mund
176 fusselig. Wir kennen das Kind in der Regel seit vier Jahren. Wir sehen im
177 Unterricht, was es selbstständig in der Lage ist zu leisten und was nicht. Wir
178 machen uns oft wochenlang vor den Gesprächen mit den Eltern Gedanken,

179 sprechen mit den Kollegen über jedes einzelne Kind usw. Das interessiert viele
180 Eltern aber nicht. Im Gegenteil, teilweise wird uns dann fast unterstellt, wir
181 hätten etwas gegen das Kind, wir würden ihm nicht zutrauen, wir hätten es eben
182 nicht richtig motivieren können. Ich finde in Hessen gibt es tolle Möglichkeiten
183 weiterzumachen. Man muss sein Kind nicht von Anfang an ins Gymnasium
184 stecken. Es kann trotzdem seinen Weg und zwar auch einen erfolgreichen Weg
185 gehen.

186 Ansonsten finde ich, dass die Schüler nach wie vor gut gerüstet sind für die
187 weiterführende Schule und ich finde es positiv, dass manche, wenn auch noch
188 nicht alle weiterführenden Schulen, wirklich genau hinschauen und das Kind da
189 abholen wo es herkommt, nämlich aus der Grundschule. Besonders die
190 integrierten Gesamtschulen kann man da hervorheben. Die suchen auch immer
191 den Kontakt zu uns Grundschullehrern. Die Gymnasien hingegen haben es nicht
192 nötig sich wirklich auf uns und unsere Arbeit einzulassen. Sie werden ja auch
193 mit Schülern überhäuft und sieben dann einfach radikal aus. Das ist dann gerade
194 für Schüler die Schwächen haben wie beispielsweise ADHS oder LRS schon
195 von Nachteil.

196 Aber nochmal zurück der Frage. Nein, ich finde das hessische System nicht
197 optimal. Die Grundschule müsste eine größere Einflussnahme haben. Wir
198 können letztlich nur einen Bericht an die Schülerakte hängen, in dem wir unsere
199 Sichtweise erläutern. Die Übergangsgespräche haben mit vielen Eltern häufig
200 keinen Sinn mehr."

201

202 I: *„Ist das bayerische System besser? Noten entscheiden!"*

203

204 B1: „Manchmal denke ich das schon. Wenn man sich dann aber mit bayerischen
205 Kollegen unterhält, dann sieht das ganz schnell anders aus. Die werden praktisch
206 ständig unter Druck gesetzt gute Noten zu geben. Da wird um jeden Punkt in der
207 Arbeit gefeilscht. Das perfekte System kenne ich leider auch nicht."

208

209 I: *„Früher Schulwechsel in Deutschland im Vergleich zu Skandinavien. Wäre*
210 *das skandinavische Modell besser?"*

211

212 B1: „Also ich bin mir nicht so ganz sicher. Ich finde eigentlich schon, dass der
213 Abschluss der 4. Klasse ein guter Zeitpunkt für einen Wechsel ist. Die meisten
214 Kinder sind dann zehn oder elf Jahre alt und stehen kurz vor der Pubertät, also
215 vor einer großen physischen und psychischen Veränderung. Ich kenne es aber
216 bis dato auch nicht anders. Skandinavische Schulen haben aber auch ganz andere
217 Möglichkeiten als wir. Da gibt es eine ganz andere Besetzung, eine andere
218 Unterstützung in den einzelnen Klassen. Eine Doppelbesetzung oder eben
219 Sozialpädagogen die mit dabei sind oder auch Schulpsychologen die regelmäßig
220 eingebunden werden können. Ich fände es dann eigentlich fast besser so in
221 Richtung integrierte Gesamtschule zu gehen, in der die Schüler bis Klasse 10
222 zusammenbleiben und dann lediglich in einzelnen Fächern differenziert
223 unterrichtet werden. Das ließe sich auch meiner Meinung nach relativ leicht
224 umsetzen."

225

226 **Fragen zur Elternschaft/Elternarbeit**
227 I: *„Welche Erfahrungen haben Sie im Umgang mit Eltern gemacht?"*

228

229 B1: „Ich persönlich habe nur selten Schwierigkeiten mit Eltern gehabt. Ich
230 versuche immer offen und freundlich auf die Eltern zuzugehen, mache meine
231 Entscheidungen oder Notengebungen transparent und wende mich bei
232 auftretenden Schwierigkeiten recht zeitnah an die Eltern, sodass wir gemeinsam
233 eine Lösung finden können. Bis dato hat sich das bewährt. Sollten die Eltern zu
234 fordernd auftreten, dann mache ich ihnen meinen Standpunkt klar und lasse mich
235 auch nicht einschüchtern. Vor allen Dingen versuche ich ihnen klar zu machen,
236 dass ein Großteil der Erziehungsarbeit letztlich von ihnen geleistet werden muss.
237 Das fällt mir natürlich leichter als vielen jungen Kollegen, die doch oft noch
238 unsicher sind im Umgang mit schwierigen Eltern. Ich kenne Fälle, da haben
239 Kolleginnen weinend im Lehrerzimmer gesessen, weil sie von Eltern regelrecht
240 fertig gemacht wurden. Da ist dann natürlich auch die Schulleitung gefragt, die
241 muss dann eigentlich eingreifen und hinter der Lehrkraft stehen."

242

243 I: *„Hat sich die Erwartungshaltung seitens der Eltern an die Schule und die*
244 *Lehrer in den letzten Jahren verändert?"*

245

246 B1: „Ja, eindeutig. Früher wollten die Eltern eigentlich nur, dass man den
247 Kindern Wissen vermittelt und das möglichst umfangreich und gut. Den Eltern
248 war klar, dass in jeder Klasse über zwanzig Kinder sitzen und man nur bedingt
249 auf die Bedürfnisse des einzelnen eingehen konnte. Die eigentliche Erziehung
250 empfanden die Eltern als ihre Angelegenheit. Heute erwarten die meisten Eltern,
251 zumindest aber die bildungsnahen Eltern, dass ihr Kind individuell gefördert
252 wird und einen bestmöglichen Schulabschluss, sprich Abitur, erreicht. Dafür
253 sollen wir sorgen. Darüber hinaus sollen wir ihre Kinder möglichst bis in den
254 späten Nachmittag hinein mit pädagogisch sinnvollen Angeboten also AGs
255 beschäftigen und sie bei den Hausaufgaben unterstützen. Letztlich wird das
256 „Rundum-sorglos-Paket" erwartet. Funktioniert das alles nicht wie gewünscht,
257 sind wir in der Regel die Schuldigen. Oft hat man als Lehrer aber auch den
258 Eindruck, dass wir eine Art Aufbewahrungsanstalt sind. Die Eltern wollen ihre
259 Kinder betreut wissen, die Inhalte dieser Betreuung interessieren sie oft nur am
260 Rande."

261

262 I: „Engagieren sich die Eltern regelmäßig in der Schule?"

263

264 B1: „Doch es gibt Eltern, die sich wirklich engagieren und unsere Arbeit aktiv
265 unterstützen. Das sind aber in der Regel immer die gleichen Eltern, meistens die
266 Elternbeiräte oder Eltern aus dem Förderverein. Die Bereitschaft schwindet aber
267 merklich, was sicherlich auch mit der zunehmenden beruflichen Belastung vieler
268 Eltern zu erklären ist. Das ist natürlich schade, denn viele schöne Projekte lassen
269 sich einfach nur mit Hilfe der Eltern verwirklichen. Vieles kann dann eben nicht
270 mehr gemacht werden. Schade für die Kinder."

271

272 I: „Empfinden Sie die Elternarbeit als Belastung oder als Hilfe?"

273

274 B1: „Nein, als Belastung eigentlich nicht wirklich. Das liegt aber auch daran,
275 dass ich bisher wenig schlechte Erfahrungen gemacht habe. Belastend empfinde
276 ich eigentlich nur die Übergangsgespräche, weil ich mich dort wirklich auch
277 emotional oft sehr stark engagiere und dann resigniert feststellen muss, dass ich
278 meinem Schüler eben nur bis zu einem gewissen Grad helfen kann. Über die
279 überzogenen Vorstellungen vieler Eltern kann ich inzwischen eigentlich nur

280 noch lachen. Das prallt an mir ab. Als Hilfe? Nein. Es ist eher ein notwendiges
281 Übel und hängt natürlich von den jeweiligen Eltern ab."

282

283 **Fragen zum Bereich „Pädagogische Anforderungen" heute**
284 I: *„Welche pädagogischen Anforderungen werden denn heutzutage an Sie*
285 *gestellt?"*

286

287 B1: „Ich muss viel mehr offene Arbeitsformen und auch
288 Differenzierungsangebote in meinen Unterricht einplanen. Das frontale
289 Unterrichten findet in der Grundschule eigentlich nur noch in
290 Einführungsphasen statt. Es gibt viele verschiedene Sozialformen, Gruppen- und
291 Partnerarbeit, Lernen an Stationen usw. wird verstärkt in den Unterricht
292 integriert. Man muss variantenreicher arbeiten, viele Phasenwechsel anbieten,
293 dass die Kinder bei der Sache bleiben. Die Lerngruppen sind deutlich
294 heterogener als früher, hinzu kommen Sprachbarrieren und diverse
295 Lernbehinderungen, die ich in meinem Unterricht berücksichtigen muss. Diese
296 neuen Anforderungen muss ich mir in der Regel selbst beibringen und auch die
297 meisten Fortbildungen kosten Geld, auch wenn man sie später von der Steuer
298 absetzen kann, und finden zumeist in meiner Freizeit statt. In der Regel fehlt es
299 der Schule immer am nötigen Budget, um die ganzen Vorgaben mithilfe von
300 innovativen Lern- und Lehrmitteln umsetzen zu können. Das ist dann auch oft
301 eine echte Herausforderung und erfordert einiges an Phantasie unsererseits."

302

303 I: *„Einsatz von neuen Medien als An-/Herausforderung?"*

304

305 B1: „Ja, auch das wird von uns erwartet. Die Kinder werden mit den neuen
306 Medien groß und nutzen diese schon vor Schuleintritt. Also müssen wir mit der
307 Zeit gehen und die Medien in den Unterrichtsalltag integrieren. Es ist aber auch
308 sinnvoll, den Kindern beispielsweise den richtigen Umgang mit Medien näher
309 zu bringen. Auch auf Gefahren aufmerksam zu machen usw. Für uns heißt das
310 natürlich, dass wir auch Computerschulungen machen müssen, uns
311 Lernprogramme anschauen müssen, mit Beamer und Overheadprojektor
312 umgehen müssen usw. Manchmal ist das gar nicht so einfach. Es wird aber
313 inzwischen einfach erwartet. Wir haben beispielsweise einen voll ausgestatteten

314 Computerraum. Das weiß die Schulleitung, das wissen die Eltern. Wie sollte ich
315 das rechtfertigen, ihn nicht zu nutzen? Gerade die einzelnen Lernprogramme für
316 die Grundschule sind wirklich gut in den Unterricht zu integrieren, gerade in
317 Deutsch, Mathe und Englisch. Ich habe irgendwann dann auch mit dem Active
318 Board gearbeitet an der früheren Schule und fand es klasse. Das würde ich mir
319 zum Beispiel eher wünschen als Ipads. Man kann Filme zeigen, es gibt so viele
320 Lernfilme mittlerweile auch im Internet, es gibt so tolle Sachen. Wir haben jetzt
321 auch in jedem Klassenraum 2 bis 3 Computer. Ich habe mir schon vor Jahren
322 von Bekannten oder Firmen Computer abgebettelt, um sie im Klassenraum zu
323 haben. Die Kinder können dann, gerade im Sachunterricht, zeitnah
324 recherchieren. Das empfinde ich als zeitgemäß."

325

326 I: *„Klassische Stoffvermittlung bei gleichzeitiger Differenzierung?"*

327

328 B1: „Also heute steht ja nicht mehr so die Stoffvermittlung im Mittelpunkt,
329 sondern die der Kompetenzen. Und da gibt es ja auch diese Dreier-
330 Differenzierung schon allein bei den Kompetenzen. Früher musste ich
331 beispielsweise eine bestimmte Anzahl an Themen auf jeden Fall behandelt
332 haben. Heute gibt man die Themen nicht mehr so vor. Man geht davon aus, dass
333 ein Thema exemplarisch für viele Themen steht und die Kinder einfach
334 bestimmte Kompetenzen innerhalb der Einheit erwerben sollen und können.
335 Diese können sie dann im Idealfall auf alle anderen Themen übertragen und
336 anwenden. Diese Neuerung halte ich für absolut sinnvoll. Also von daher habe
337 ich damit gar kein Problem mit diesem differenzierten Arbeiten, weil es ist heute
338 eben nicht mehr so ist, dass alle dasselbe zur selben Zeit machen müssen.
339 Außerdem hat man im Prinzip die ganze Grundschulzeit die Möglichkeit ihnen
340 bestimmte Kompetenzen zu vermitteln. Sie müssen nicht in einem bestimmten
341 Jahrgang abgearbeitet werden. Ich bin schon so lange Lehrerin und ich war noch
342 nie ein Fan von dieser „Gleichmacherei", weil sie eigentlich gar nicht wirklich
343 funktionieren kann. Grundsätzlich muss man viel flexibler und offener werden
344 und sich auch von manchen Dingen schlicht verabschieden.
345 Auf der anderen Seite sind wir Grundschullehrer schon immer aufgefordert und
346 auch bereit, neue Wege zu gehen. Wir haben uns schon lange vom reinen
347 Frontalunterricht verabschiedet, der auch heute noch in vielen weiterführenden

348 Schulen zum Alltag gehört. Lerntheken, Werkstattarbeit, Arbeit an Stationen,
349 Gruppenarbeit, Expertenteams usw. das ist bei uns schon lange üblich. Ich
350 denke, wir Grundschullehrer sind da generell offener, was neue Methoden
351 angeht. Das ist natürlich schon manchmal eine Herausforderung. Zumindest am
352 Anfang. Man hat halt immer ein wenig Angst, nicht alles mitzubekommen, wenn
353 die Schüler so frei arbeiten. Man kann bei dieser Art zu arbeiten einfach nicht
354 jede Rechenaufgabe kontrollieren. Davon habe ich mich verabschiedet. Ich
355 muss für mich nur wissen, hat der Schüler die Rechenoperation verstanden oder
356 nicht. Auf der anderen Seite kennt man ja seine Schüler und weiß doch recht gut,
357 auf wen man ein besonderes Auge werfen muss. Und trotz aller guten und
358 sinnvollen Neuerungen, greife ich nach wie vor auch gerne auf Altbewährtes
359 zurück, das verbietet mir ja letztlich auch niemand.
360 Generell habe ich aber ein Problem damit, wenn an uns ständig Neuerungen
361 herangetragen werden. Hier sollte man sich doch eher mal um die
362 weiterführenden Schulen kümmern. Es nutzt nämlich recht wenig, wenn meine
363 Schüler die unterschiedlichsten Methoden bei mir lernen und auf dem
364 Gymnasium die Partnerarbeit schon als kleine Revolution gilt.“
365
366 I: *„Sinkt bei der ganzen Selbstständigkeit der Schüler nicht doch das Niveau?“*
367
368 B1: „Das kann man nicht so pauschal beantworten. Sagen wir es mal so: die
369 Arbeiten und Anforderungen sind anders geworden. Es ist heute nicht mehr eine
370 reine Wissensabfrage, sondern es wird viel mehr und auch anderes verlangt.
371 Vermuten, Lösungswege finden, begründen können, das steht im Vordergrund.
372 Die Schüler sollen mehr einbezogen werden, daher muss ein Lehrer heutzutage
373 auch ein ganzes Repertoire an Methoden drauf haben. Er muss die Arbeiten
374 anders konzipieren. Die Kinder sollen lernen sich selbst einzuschätzen, ihre Zeit
375 selbst einzuteilen, sich selbst Ziele zu setzen, wissen worum geht es da
376 eigentlich. Die Transparenz wird größer und ich hoffe und ich sehe das auch,
377 dass die Lernmotivation eine größere ist, wenn es einem gelingt, die Schüler
378 stärker einzubinden. Das Niveau der Arbeiten ist auf den ersten Blick vielleicht
379 gesunken, dafür können die Kinder aber heutzutage andere Dinge besser. Ich
380 denke wie eben schon gesagt, man kann anderes erwarten. Die Kinder lernen

381 nicht mehr so viel auswendig, heute hätten sie mehr Probleme so Gedichte wie
382 die Glocke auswendig zu lernen. Das kann man einfach nicht mehr vergleichen."

383

384 I: *„Und die Inklusion?"*

385

386 B1: „(seufzt) Also ich selbst habe bis dato nicht so ein Kind in der Klasse, also
387 ein Inklusionskind. Ich halte von der Inklusion zu den derzeitigen Bedingungen
388 nicht viel, deswegen habe ich auch gestreikt im letzten Jahr. Also Inklusion finde
389 ich sinnvoll unter bestimmten Bedingungen und bei bestimmten Kindern. Ein
390 Kind das eine Hör- oder Sehbehinderung hat, das vielleicht im Rollstuhl sitzt
391 oder ähnliches ist für mich beispielsweise kein Inklusionskind, da es geistig
392 normal entwickelt ist und dem Unterricht folgen kann. Wenn meine
393 Anforderungen darin bestehen, Arbeitsblätter größer zu kopieren oder ein
394 Mikrofon zu tragen, habe ich kein Problem damit. Diese Kinder laufen eigentlich
395 ganz normal mit, sind in der Klasse integriert und fallen unter all denen anderen
396 Schülern, die ja auch Defizite wie ADS, LRS, Dyskalkulie usw. haben gar nicht
397 auf. Ich bin aber absolut der Auffassung, dass manche Kinder besser aufgehoben
398 wären in der Förderschule, zum Beispiel die mit einem Down-Syndrom. Sie
399 können dem Unterricht schlicht nicht folgen und bleiben einfach Außenseiter.
400 Leider wollen viele Eltern das einfach nicht wahrhaben oder sehen. Man möchte
401 etwas gleich machen, was nicht gleich ist. In der Förderschule gibt es ganz
402 andere Möglichkeiten die haben ganz andere finanzielle Möglichkeiten, ganz
403 andere Materialien, kleinere Klassen und die dortigen Lehrer sind dafür
404 ausgebildet und haben bewusst diesen Schulzweig gewählt.
405 Ich hatte eine Kollegin mit drei Inklusionskindern. Die hatte als Unterstützung
406 eine Förderschulkraft mit 18 Stunden. Das Ganze ging ein Vierteljahr gut, lief
407 auch ganz gut, doch dann ist die Förderschullehrerin längerfristig krank
408 geworden, es kam niemand als Ersatz und meine Kollegin stand alleine da mit
409 den drei Kindern. Sie war völlig überfordert und stand kurz vorm Burnout. Das
410 kann es ja nicht sein! Heutzutage hat man schon ohne diese Kinder reichlich
411 Probleme innerhalb einer Klasse. Es ist ja nicht so, dass die „normalen" Schüler
412 ruhig und brav da sitzen und alles machen, was wir ihnen sagen. Wenn wir schon
413 inkludieren müssen, dann sollte aber im Krankheitsfall sofort Abhilfe geschaffen
414 werden. Es kann nicht sein, dass wir dann hier an der Regelschule alleine vor

415 uns hinwursteln und eigentlich kein richtiger Unterricht mehr stattfinden kann.

416 Ich finde auch die Bedingungen für die Teilhabeassistenten unmöglich. Die

417 werden ziemlich ins kalte Wasser geworfen, was ich schon in vielen Gesprächen

418 mitbekommen habe. Die werden letztlich ohne medizinische oder

419 psychologische Vorkenntnisse mit ganz schwierigen Kindern konfrontiert. Die

420 haben noch nie etwas von Autismus gehört und bekommen lediglich eine kurze

421 Einweisung. Das kann es doch nicht sein. Die müssen Fortbildungen bezahlt

422 bekommen und die Chance haben, da erst mal reinzuschnuppern, bevor sie die

423 Aufgabe übernehmen. Das gilt übrigens auch für uns. Auch wir müssen für die

424 meisten Fortbildungen bezahlen, müssen selbst Fachliteratur kaufen. Die Schule

425 hat ja kein Geld. (...)

426 Die Inklusion ist eine der Herausforderungen die mir, und ich glaube ich kann

427 da für die meisten Kollegen sprechen, die uns mit am meisten zu schaffen macht

428 und eine enorme Mehrbelastung darstellt. Das Ganze hat sicherlich einen gut

429 gemeinten Hintergrund, die Idee an sich ist gut, die Bedingungen sind aber so

430 schlecht, dass man schnell seinen guten Willen verlieren kann. Ich fühle mich in

431 dieser Sache jedenfalls ziemlich allein gelassen und wenn man etwas dagegen

432 sagt, dann hört sich das immer so an, als habe man etwas gegen die Kinder. Wir

433 brauchen einfach eine andere Unterstützung so in Richtung Finnland. Wir haben

434 jetzt vier Sozialpädagogenstunden für diese Schule, da könnte ich heulen, das ist

435 ein Witz. Bei den Problemen bräuchten wir vier Stunden pro Klasse die Woche

436 und nicht vier Stunden insgesamt.

437 Für Kinder mit Inklusion ist die Unterstützung viel zu gering. Man müsste alles

438 umkrempeln und sich auch mal ein Beispiel an den Ländern nehmen in denen es

439 seit Jahren ganz gut läuft. Wir brauchen mehr Stunden, mehr Geld, eine andere

440 Ausbildung, eine bessere Bezahlung, ein anderes Berufsbild, damit mehr junge

441 Leute den Beruf ergreifen. Die Schulen müssen besser ausgestattet sein. Welche

442 Schule ist schon behindertengerecht? Wir brauchen Doppelbesetzung in jeder

443 Klasse, mehr Schulpsychologen, mehr Sozialpädagogen haben und natürlich

444 mehr Lehrer. Aber mittlerweile auch Ärzte, die sich auskennen mit Autismus,

445 Asperger-Syndrom und ADHS. Die müssten regelmäßig in die Schulen gehen

446 und die Lehrer unterstützen. Sie müssten sich die Kinder angucken, wir müssen

447 immer alles alleine leisten. Wir haben doch kein Medizinstudium absolviert. Wir

448 müssen Hilfe anfordern, Elterngespräche führen zu Themen, die wir selbst nur

449 zum Teil verstehen. Wir können das nicht alleine leisten. Wohlgemerkt alles
450 zusätzlich zu unserem eigentlichen Job der Wissensvermittlung. Das ist immer
451 wie ein Tropfen auf den heißen Stein was wir leisten können, aber für uns macht
452 das dann einiges kaputt, weil wir sehen es und es nicht ändern können."

453

454 I: „*Flüchtlingskinder?*"

455

456 B1: „Also wir hier hatten ja bisher noch keine Flüchtlinge. Jetzt sind die ersten
457 gekommen und wir werden sicher auch bald die ersten Kinder an die Schule
458 bekommen. Klar, wir haben viele Kinder mit Migrationshintergrund, aber noch
459 keine Flüchtlinge in dem Sinne. Von daher hat die Flüchtlingswelle noch keine
460 Auswirkungen auf meine Arbeit gehabt. Aber ich bin ein bisschen aktiv in der
461 Flüchtlingshilfe im Nachbarort und ich denke natürlich schon, dass es auf
462 Schulen eine Auswirkung hat und das man da mehr Ressourcen reinstecken
463 müsste, um den Kindern einen guten Deutschunterricht zu ermöglichen. Nicht
464 immer outsourcen, sondern die Kinder in einer richtigen Klasse fördern. Es ist
465 für alle Beteiligten eine große Herausforderung. Die Kinder können die Sprache
466 nicht, sind zum Teil schwer traumatisiert, die Eltern haben keine Ahnung von
467 unserem Bildungssystem und können ihre Kinder kaum unterstützen. Hier muss
468 die ganze Gesellschaft helfen, dass eine Integration funktionieren kann. Aber
469 auch für diese Kinder sind wir eigentlich nicht ausgebildet. Wir haben nicht
470 gelernt, wie man mit Kindern umgeht, die an der Hand ihrer Eltern kilometerweit
471 zu Fuß geflüchtet sind, die gesehen haben wie ihre Familienmitglieder oder
472 Freunde getötet wurden. Diese Kinder und ihre Eltern haben Dinge erlebt, in die
473 wir uns kaum hineinversetzen können. Für so etwas muss man eigentlich auch
474 ausgebildet sein, denke ich. Ja, auch hier fühlen wir uns allein gelassen."

475

476 I: „*Gute Unterrichtsvorbereitung trotz neuer Anforderungen?*"

477

478 B1: „Gute Frage. (…) Eigentlich hat man für die Unterrichtsvorbereitung immer
479 weniger Zeit, da man viel zu sehr mit anderen Dingen beschäftigt ist. Auch das
480 Schreiben von Förderplänen, Gespräche mit Eltern, mit dem Jugendamt, mit
481 Förderausschüssen usw. rauben einem unheimlich viel Zeit. Ständig hat man
482 Konferenzen und Dienstversammlungen und wenn man nach Hause kommt, sind

483 schon wieder schulische Nachrichten in der Mailbox. Ich arbeite Vollzeit, da hat

484 man ja auch keine Freistunden, in denen man mal Unterricht vorbereiten könnte.

485 Auch die Elterngespräche finden dann alle am Nachmittag oder manchmal auch

486 am frühen Abend statt. Ich hatte sogar schon Gespräche vor Unterrichtsbeginn.

487 Zusätzlich soll und muss man sich regelmäßig fortbilden. Und wenn man dann

488 seinen Unterricht mal richtig gut durchgeplant hat, dann haben wieder fünf

489 Kinder ihre Materialien nicht dabei oder es gab Ärger in der Pause, der erst

490 geklärt werden muss. Schon kann man seine Planung entsorgen. Und die

491 Rahmenpläne sind auch keine große Hilfe, alles ist sehr offen formuliert. Gerade

492 für die jungen Lehrer ist das manchmal schwierig. Die bräuchten manchmal

493 konkretere Hilfen zur Planung ihres Unterrichts. Traurig, aber wahr. Das was

494 mir am wichtigsten ist, nämlich guter und motivierender Unterricht, bleibt oft

495 mangels Zeit für eine gründliche Vorbereitung auf der Strecke. Das macht mich

496 oft unzufrieden. Eigentlich hat man immer das Gefühl nie fertig zu werden. Man

497 bekommt immer mehr aufgebürdet und gleichzeitig sieht man doch zu selten

498 wirkliche Erfolge. Das ist oft sehr frustrierend."

499

500 I: „Bereitet einen das Studium und das Referendariat auf die neuen Aufgaben

501 vor?"

502

503 B1: „Gut, meine Ausbildung ist mit der heutigen ja nicht mehr zu vergleichen.

504 Aber nein, ich denke eindeutig nein. Das Studium ist viel zu abgehoben und

505 theoretisch. Gerade das Studium für Grundschullehrer halte ich für sehr

506 fragwürdig. Da werden Dinge abverlangt, die nichts mit unserem Job zu tun

507 haben, nicht mal im weitesten Sinne. Also ich fände es eigentlich gut, wenn man

508 während des Studiums noch mehr Praktika macht. Oder ähnlich einer

509 Ausbildung zwei bis drei Tage an der Uni ist und den Rest der Woche an einer

510 Schule arbeitet oder hospitiert. Das würde viele Missverständnisse und falsche

511 Erwartungshaltungen ausräumen. Viele Studenten würden dann auch schnell

512 merken, dass der Beruf vielleicht doch nichts für sie ist und sich umorientieren.

513 Ich habe schon häufiger erlebt, dass unsere Referendare regelrecht

514 zusammengebrochen sind oder ihnen die Ausbilder gesagt haben, dass der Beruf

515 des Lehrers absolut nichts für sie sei. Diese Dinge könnte man wirklich

516 vermeiden."

517

Fragen zur Kooperation an der Schule

I: *„Wie sieht die Kooperation an ihrer Schule aus?"*

B1: „Wir sind eine recht kleine Schule, also zwei bis drei Klassen pro Jahrgang. Wir koordinieren regelmäßig innerhalb des Jahrgangs und helfen uns eigentlich alle mit Unterrichtsmaterialien aus. Das läuft sehr gut und unproblematisch. Auch die Zusammenarbeit mit der Schulleitung läuft gut. Sie bindet uns in alle wichtigen Entscheidungen ein und entscheidet eigentlich nichts über unseren Kopf hinweg. Nein, das gute Arbeitsklima ist enorm wichtig, um den Anforderungen gerecht werden zu können. Ich weiß aber, dass dies nicht an allen Schulen selbstverständlich ist. Auch die Kooperation mit unserer Schulkindbetreuung ist sehr gut. Wir verstehen uns gut und tauschen uns regelmäßig aus."

I: *„Gibt es gemeinsame Fortbildungen innerhalb des Kollegiums?"*

B.: „Für alle eigentlich nur im Rahmen eines pädagogischen Tages. Sonst muss jeder selbst nach passenden Fortbildungen schauen. Manchmal können auch zwei bis drei Kollegen gemeinsam zu einer Fortbildung gehen. Das bedeutet dann aber wieder Vertretungsunterricht oder U-Plus-Kräfte müssen eingekauft werden. Generell gibt es einfach zu wenig Lehrer an der Schule. Solange niemand krank ist oder eben auf einer Fortbildung funktioniert das System. Fallen aber gleichzeitig zwei bis drei Lehrer aus, bricht das System schon zusammen. Die Kinder werden aufgeteilt oder es gibt Vertretungsunterricht, der natürlich den eigentlichen Unterricht nicht ersetzen kann. Das weiß man auch als Klassenlehrer und man schleppt sich dann oft in die Schule, obwohl man eigentlich krank ist und zu Hause bleiben sollte. Hätte man mehr Lehrkräfte, ließe sich vieles besser gestalten, in allen Bereichen."

I: *„Fühlen Sie sich seitens der Schulleitung ausreichend unterstützt?"*

B1: „Sagen wir mal so. Sie tut, was sie kann. Sie kann aber auch keine zusätzlichen Lehrerstellen schaffen. Daher stellen sie Fortbildungen während

551 der Unterrichtszeit oft vor größere Herausforderungen. Aber sie versucht
552 eigentlich immer, uns die Fortbildungen zu ermöglichen. Und bei Problemen
553 steht die Tür immer offen."

554

555 **Fragen zu „Lehrerbild" in der Gesellschaft**
556 I: *„Hat sich mit den neuen Anforderungen eigentlich auch das Lehrerbild in der*
557 *Gesellschaft gewandelt?"*

558

559 B1: „Ich finde es gibt für mich da zwei Aspekte. Zum einen hat sich das Bild
560 durchaus positiv gewandelt, weil ich den Eindruck habe, dass viele Menschen
561 inzwischen den Beruf des Lehrers besser achten. Also früher herrschte ja die
562 allgemeine Meinung vor, dass man als Lehrer um eins Feierabend hat und den
563 Rest des Tages auf dem Tennisplatz oder der Terrasse verbringt. Hinzu kamen
564 die vielen Ferien. Der Lehrer als gut bezahlter Faulenzer sozusagen. Und wir
565 Grundschullehrer mussten ohnehin nicht viel leisten. Die lieben Kleinen kann ja
566 wohl jeder unterrichten."

567

568 I: *„Was haben Sie auf derartige Kommentare geantwortet?"*

569

570 B1: „Am Anfang habe ich immer versucht zu erklären und bin darauf
571 eingegangen. Ich habe mich fast für meinen Beruf gerechtfertigt. Irgendwann
572 wurde es mir aber zu dumm und ich habe irgendeinen ironischen Kommentar
573 vom Stapel gelassen. Dann war in der Regel Ruhe (lacht). Ich habe gelernt damit
574 umzugehen, dass man in diesem Land dem Beruf des Lehrers nur wenig Respekt
575 und Anerkennung entgegen bringt. Uns geht es da so wie den Polizisten. Das
576 Problem ist halt auch, dass sich jeder für kompetent hält unsere Arbeit zu
577 beurteilen. Schließlich waren ja alle mal irgendwann in der Schule. Dass wir eine
578 der längsten Ausbildungen überhaupt zu absolvieren haben, um überhaupt
579 Lehrer werden zu können, das wird eigentlich völlig ignoriert."

580

581 I: *„Sie sagten ‚früher'. Ist das mittlerweile etwas besser geworden?"*

582

583 B1: „Es findet glaube ich langsam ein Umdenken in der Gesellschaft statt,
584 zumindest was uns Grundschullehrer betrifft. Da habe ich schon den Eindruck,

dass die Leute, also zumindest die die Kinder haben, dass die inzwischen schon sehen, was wir alles leisten müssen. Immer mehr sagen mittlerweile, dass sie unseren Job nicht machen wollten. Viele haben erkannt, dass unser Job deutlich vielschichtiger und schwieriger geworden ist. Wir müssen einfach viel mehr erzieherische Aufgaben übernehmen. Die auch von uns erwartet werden und eingefordert werden.

Zum anderen sehe ich da aber auch diese andere Entwicklung unter der Elternschaft. Weder Eltern noch Kinder haben Respekt vor uns oder unserer Arbeit. Sie treten uns häufig sehr aggressiv gegenüber, drohen selbst bei nichtigen Anlässen gleich mit dem Anwalt oder dem Schulamt. Oft in Fällen, wo sie eigentlich hätten erkennen müssen, dass man sich sehr um ihr Kind bemüht hat. Diese respektlose und negative Einstellung der Eltern gegenüber der Schule und uns Lehrer überträgt sich dann natürlich auch auf die Kinder. Die bekommen ja die Unterhaltungen zuhause mit. Die sagen dir dann auch schon mal, das sage ich meinem Vater, der ist Anwalt. Oder, das darfst du gar nicht usw. So etwas gab früher definitiv nicht! Auch finde ich es zum Teil schon bedenklich, wie kleine Kinder einen anlügen, anschreien, treten, einfach wegrennen usw. Das habe ich bis jetzt zum Glück nicht alles persönlich erlebt. Das sind aber an unserer Schule Dinge, die passieren. Oder einfach im Unterricht aufstehen, quer durch die Klasse rufen, das Essen außerhalb der Frühstückspause rausholen. Das sind alles Dinge, die zunehmen. Sich an Regeln halten, akzeptieren, dass man etwas einfach zu machen oder zu lassen hat, das fällt vielen Kindern zunehmend schwerer. Sie sehen auch den Erwachsenen nicht als übergeordnet oder als Respektsperson an, so wie es früher der Fall war. Selbst vor einem Polizisten, dass erlebe ich immer wieder in der Verkehrserziehung, haben sie keinen Respekt. Das fängt im Kindergarten schon an und setzt sich bei uns dann fort."

I: „*Mangelnder Respekt und mangelnde Wertschätzung Ihrer Arbeit quasi als Grundproblem?*"

B1: „Ja, in gewisser Weise schon. Denn wenn ich keinen Respekt vor einem Menschen habe, dann nehme ich von ihm auch nichts an, lasse mir nichts sagen, nehme keine Rücksicht usw."

619

620 I: „*Auch mangelnde Bezahlung im Verhältnis zu Lehrern der weiterführenden*

621 *Schulen?*"

622

623 B1: „Ja, inzwischen schon. Und das ärgert mich dann auch wirklich, wenn man

624 allenthalben hört, dass wir Lehrer so gut bezahlt sind. Grundschullehrer sowieso,

625 denn das Einmaleins kann ja wohl jeder den Kindern beibringen. Ja, ich finde,

626 wir verdienen eindeutig zu wenig.(seufzt) Es heutzutage einfach nicht mehr zu

627 rechtfertigen, dass wir weniger verdienen als unsere Kollegen am Gymnasium.

628 Die Anforderungen von heute kann man nicht mehr denen von vor dreißig Jahren

629 vergleichen. Früher hat man das immer damit begründet, dass der

630 Gymnasiallehrer ja eine deutlich höhere fachliche Kompetenz benötigt und

631 natürlich auch für die Vor- und Nachbereitung mehr Zeit braucht."

632

633 I: „*Ist das denn nicht immer noch so?*"

634

635 B1: „Doch, sicherlich. Dafür umfasst aber eine volle Stelle nur 25 Stunden und

636 bei uns 29 Stunden. Zu uns kommen mittlerweile alle Schüler und zwar mit den

637 unterschiedlichsten Problemen. Sei es die Sprache, sei es Inklusion, sei es

638 diverse Lernbehinderungen und Krankheiten. Mit derartigen Problemen werden

639 doch Gymnasiallehrer bis dato nur am Rande konfrontiert. Hier müssten die

640 Gehälter auf jeden Fall angepasst werden."

641

642 I: „*Was ist trotz dieser vielfältigen Anforderungen und Probleme Ihre Motivation*

643 *weiterzumachen, mal abgesehen vom Geld verdienen?*"

644

645 B1: „Was mich positiv stimmt und motiviert sind die lachenden Augen der

646 Kinder und ihr Strahlen und ihre Freude bei noch so kleinen Erfolgserlebnissen

647 (grinst). Kinder geben einem ein unheimliches Feedback positiv wie negativ.

648 Das liebe ich und das motiviert mich täglich aufs Neue. Das freut einen selbst an

649 einem sehr anstrengenden Tag. Man hat dann wieder ein schönes Erlebnis mit

650 der Klasse oder einzelnen Kindern. Das ist das was nach wie vor schön ist und

651 was die meisten Kinder auch mitbekommen. Es ist schön zu sehen, wenn sie sich

652 für andere freuen, wenn das Klassenklima gut ist, wenn sie sich gegenseitig

unterstützen und aufbauen. Mir ist es wichtig, dass die Kinder gerne in die Schule kommen, dass sie mir vertrauen, sich aufgehoben und willkommen fühlen. Daran arbeite ich wirklich seit meinem ersten Tag als Lehrer. Wenn diese Dinge stimmen, ist der Lehrerberuf für mich immer noch ein Traumberuf. Getrübt wird dieser Beruf oder diese Berufung, denn das ist mein Beruf für mich, durch die immer neuen Anforderungen und die vielen Steine die einem in den Weg gelegt werden, oft von Menschen die als einzige Schulerfahrung nur ihre eigene Schulzeit haben aber meinen, uns etwas vorschreiben zu müssen."

I: „*Wenn Sie unser Interview nochmals Revue passieren lassen, welche der neuen und alten Anforderungen an Sie, belastet Sie aus Ihrer Sicht im Unterrichtsalltag am meisten?*"

B1: „Ich denke zum einen die Inklusion, obwohl ich bis dato noch nicht direkt davon betroffen war. Es sitzt einem wie eine Drohung im Nacken. Wie geht es mir, wenn ich ein solches Kind in die Klasse bekomme? Zum anderen und zwar ganz eindeutig, dass wir immer mehr erzieherische Aufgaben übernehmen müssen, die ich eigentlich den Elternhäusern zuordnen würde und ganz sicher auch der erhöhte bürokratische Aufwand. Alles muss ständig dokumentiert werden. Man bräuchte eigentlich eine eigene Sekretärin. Überhaupt diese ganze Einmischung von außen und die ständigen Neuerungen, die aber nicht zu besseren Ergebnissen der Schüler führen. Viele Faktoren machen unseren Beruf immer anstrengender. Der Faktor Zeit ist ein echtes Problem für mich. Immer fehlt es an Zeit und Kinder brauchen Zeit, auch für ihre ganz persönlichen Anliegen und Sorgen. Und es bleibt eben oft eine gute und kontinuierliche Unterrichtsvorbereitung auf der Strecke und das frustriert mich doch schon sehr. Denn, das muss ich an dieser Stelle schon mal loswerden, für mich ist immer noch der gute Unterricht das A und O. Primär möchte ich den Kindern Wissen vermitteln, sie gut auf ihren weiteren schulischen Weg vorbereiten und das möglichst spannend und abwechslungsreich."

I: „*Vielen Dank für das ausführliche und ehrliche Interview.*"

B1.: „Gerne. Hat Spaß gemacht."

Interview 2

687 I: „*Ihr persönlicher Werdegang hin zur Grundschullehrerin?*"

688

689 B2: „Ich habe von 2009 bis 2013 Grundschullehramt an der Uni in Frankfurt
690 studiert. Meine Studienfächer waren Mathe, Deutsch und Musik. Anschließend
691 habe ich mein Referendariat an einer Grundschule im Rodgau absolviert und
692 jetzt bin ich seit Februar 2016 hier an der Ludwig-Uhland-Schule. Ich habe hier
693 gleich eine Klasse übernommen, weil die Klassenlehrerin damals in
694 Mutterschutz gegangen ist und jetzt ihre Elternzeit hat. Also ich habe jetzt eine
695 zweite Klasse."

696

697 I: „*Wie kamen Sie denn auf den Beruf der Grundschullehrerin?*"

698

699 B2: „Ich habe nach dem Abitur oder eigentlich schon während der Zeit des
700 Abiturs überlegt, was ich denn machen könnte. Interessiert haben mich damals
701 Steuerfachangestellte, Bankkauffrau oder Grundschullehrerin. Alles ziemlich
702 verschieden, ich weiß. (lacht)
703 Meine Eltern kommen beide aus dem Lehrerberuf. Mein Papa ist
704 Gymnasiallehrer, meine Mutter ist im musikalischen Bereich tätig. Meine Eltern
705 haben mich das ganz frei entscheiden lassen. Sie haben mir aber schon die Vor-
706 und Nachteile des Lehrerberufes aufgezählt. Letztlich habe ich mich dann für
707 das Lehramt entschieden, weil ich einfach schon immer gerne mit Kindern
708 gearbeitet habe. Vor dem Studium habe ich zum Beispiel eine Zeit lang
709 musikalische Früherziehung unterrichtet. Da habe ich schon gemerkt, dass es
710 mir Spaß macht den Kindern was zu vermitteln, etwas beizubringen, ihnen die
711 Freude an der Musik zu vermitteln. Deshalb habe ich das dann studiert und zum
712 Glück auch im Studium gemerkt, dass es das Richtige für mich ist."

713

714 I: „*Mit welchen Erwartungen sind Sie an das Studium herangegangen und
715 welche Erwartungen haben sich erfüllt und was ist aus Ihrer Sicht zu kurz
716 gekommen?*"

717

718 B2.: „Ja, also ich habe eigentlich die Erwartung gehabt, dass das Studium einem
719 viele praktische Tipps für den Lehrerberuf mit an die Hand gibt. Also viel
720 Didaktik und Methodik und den richtigen Umgang mit den Schülern und den
721 Eltern usw. Man hat natürlich während des Studiums zwei schulpraktische
722 Studien, die jeweils 5-6 Wochen dauerten. Insgesamt war das wirklich eine viel
723 zu knappe Zeit, um eigene Erfahrungen zu sammeln und ich hätte mir wirklich
724 mehr Praxisbezug gewünscht, vor allem in den Hauptfächern Mathe und
725 Deutsch. Das war doch eher enttäuschend. Ich habe dann mit den
726 Gymnasiallehrern zusammengesessen und das hat ja mit unseren Anforderungen
727 in der Grundschule rein gar nichts zu tun. Wir haben dann mathematische Inhalte
728 vorgesetzt bekommen, die wir niemals in der Grundschule brauchen würden.
729 Mir wäre es lieber gewesen, wenn man mir z.B. erklärt hätte, wie man einem
730 Dyskalkuliekind etwas vermitteln kann, anstelle von Stochastik oder so. Erfüllt
731 haben sich meine Erwartungen hinsichtlich der Flut an Lektüren und Texten die
732 man zu bewältigen hatte. Und jeder „Prof" tat so, als wäre er der einzige bei dem
733 man sich vorbereiten muss. Da sollte man zeitweise fünf verschiedene Bücher
734 oder Reader in einer Woche lesen und verstehen. Oder auch die ganzen
735 Hausarbeiten, man kam sich oft wie ein Fließbandarbeiter vor. Nur noch
736 Hausarbeiten produzieren. Das hatte ich schon vor dem Studium befürchtet,
737 allerdings nicht in dem Umfang. Also ich glaube, dass das Studium an sich, je
738 nachdem wie es jetzt umstrukturiert wird, schon eine gute Vorbereitung sein
739 kann, man sollte aber auf jeden Fall versuchen ein Praxissemester einzubauen.
740 Oder man könnte parallel studieren und an einer Schule arbeiten, ähnlich wie bei
741 einer Ausbildung. Das würde einen dann auch besser darauf vorbereiten für das
742 was später auf einen zukommt. Ich bin jedenfalls froh, dass ich schon während
743 meines Studiums immer wieder mal als „U-Plus-Kraft" an einer Schule
744 ausgeholfen habe. Da habe ich schon so erste Einblicke in den Beruf
745 bekommen."
746
747 **Fragen zum Bereich: „Schüler"**
748 I: *„Stichwort Veränderte Kindheit! Die familiäre Situation vieler Kinder hat sich*
749 *mittlerweile stark verändert, macht sich das im Unterrichtalltag bemerkbar?"*
750

751 B2: „Ich denke schon. Ich habe zum Beispiel einen Schüler, dessen Eltern sich
752 getrennt haben. Er wächst jetzt bei seinem Vater auf. Die Schwester wiederum
753 bei der Mutter. Diese Situation belastet ihn enorm, das trägt er auch in den
754 Unterricht mit rein. Oft fängt er im Unterricht an zu weinen, dann kann man auch
755 nicht so tun als wäre nichts. Also wird der Unterricht unterbrochen und man
756 kümmert sich wieder um das Kind. Viele Kinder sind auch einfach zu
757 überfrachtet mit nachmittäglichen Aktivitäten. Wenn ich ihnen zuhöre, dann
758 habe ich oft das Gefühl, dass sie gar nicht mehr abschalten können. Alles ist total
759 verplant. Dadurch fällt es ihnen auch unheimlich schwer mal abzuwarten oder
760 mal nichts zu tun. Sie sind es gewohnt, dass sie immer etwas zu tun haben, alles
761 ist organisiert. Das merkt man auch im Unterricht. Sie werden schnell unruhig,
762 bauen auch oft sehr schnell ab, trotz vieler Phasenwechsel. Ich denke, viele
763 wissen schon mit sechs Jahren, was das Wort Stress bedeutet. Oder auch einfach
764 nur zuhören, wenn ein anderes Kind etwas im Stuhlkreis erzählt. Das fällt vielen
765 auch richtig schwer, denn zuhause wird oft nicht allzu viel miteinander
766 gesprochen. Jeder scheint in der Familie sein eigenes Ding zu machen. Das hat
767 natürlich alles Auswirkungen auf das Miteinander oder das Sozialverhalten. Hier
768 sehe ich mittlerweile viele Defizite. Obwohl ich ja selbst noch nicht so alt bin,
769 scheint sich seit meiner Kindheit noch einmal sehr viel verändert zu haben.
770 Damit müssen wir natürlich auch erst mal klar kommen.“

771

772 I: „*Wird die Erziehung der Kinder an die Lehrer weitergegeben?*“

773

774 B2: „Von vielen Eltern eindeutig ja. Die sagen einem das eigentlich auch recht
775 offen, wenn man beispielsweise in einem Elterngespräch sagt, dies und das
776 klappt noch nicht richtig. Dann heißt es manchmal schon, dass wir Lehrer sind
777 und das Erziehung ja wohl auch zu unseren Aufgaben gehöre. Das finde ich dann
778 wirklich grenzwertig. Ich glaube nämlich nicht, dass ich einem Schulkind noch
779 das Schuhe binden beibringen muss oder das Wasserziehen auf der Toilette.
780 Aber es gibt zum Glück auch Eltern die das nicht von uns erwarten, sondern die
781 im Gegenteil klar formulieren, dass die Erziehung ihres Kindes immer noch ihre
782 Sache ist. Aber wenn etwas schief läuft, haben wir eigentlich immer eine
783 Mitschuld. Das ist bei allen das Gleiche. Ja und manche Eltern sind ganz
784 offensichtlich überfordert. Da will man dann auch helfen, weil einem das Kind

785 leid tut. Nur in diesem Fall brauchen meistens die Eltern noch mehr Hilfe als die
786 Kinder."

787

788 I: „Wäre ein Jahr weniger Kindergarten und dafür ein Jahr Vorschule eine Hilfe
789 für die Lehrer?

790

791 B2: „Der Kindergarten spielt bei den Kindern eine ganz große Rolle und auch
792 eine entscheidende Rolle in Sachen Entwicklung. Die Kinder lernen dort viele
793 elementare Dinge, die auch für die Grundschule von Bedeutung sind. Besonders
794 für Kinder mit schlechten Deutschkenntnissen ist der Kindergarten der ideale
795 Ort, um Deutsch zu lernen. Sie lernen es dann einfach über das gemeinsame
796 Spielen und Miteinander. Aber auch feinmotorische Fähigkeiten wie Basteln,
797 Kleben, Stifthaltung usw. werden dort in der Regel ja schon vermittelt. Ich weiß
798 nicht, ob ein Jahr Vorschule für alle eine Hilfe wäre. Sicher könnte man dort
799 noch einmal einiges intensivieren. Ich denke, es kommt auch auf den jeweiligen
800 Kindergarten an. Werden die Kinder dazu angehalten, eine Sache zu beenden
801 oder ordentlich auszumalen oder eben nicht. Also eine wirkliche Meinung habe
802 ich dazu noch nicht. Und auch bei dem Übergang von Kindergarten zu
803 Grundschule würde ich sagen, dass es eigentlich ganz gut gemacht wird, weil
804 bei uns hier an der Schule ist es so, dass wir einen Kennenlerntag mit allen neuen
805 Erstklässlern haben, sodass nicht alles fremd für die Kleinen ist, wenn sie dann
806 zu unserem Schnuppertag kommen. Wir haben auch ein vertrauensvolles
807 Verhältnis zu unseren Kindergärten und können uns jederzeit über einzelne
808 Kinder informieren, das hilft natürlich bei der Klassenzusammenstellung. Ich
809 denke, dass die Kindergärten eine gute Arbeit machen. Leider haben sie nur viel
810 zu wenig Personal und eben auch immer mehr Anforderungen, denen sie
811 eigentlich gar nicht gerecht werden können. Vorklasse anstelle von Kindergarten
812 würde vielleicht ein Stück weit die unbeschwerte Kindheit früher beenden. Wäre
813 ja auch nicht wirklich sinnvoll, denke ich."

814

815 I: „Kann es aus Ihrer Sicht Chancengleichheit für alle Schüler bei
816 unterschiedlichen Einzugsgebieten geben?"

817

818 B2: „Nein, aber ich bin ohnehin der Meinung, dass es keine Chancengleichheit
819 gibt. Die gab es nie und die wird es auch nie geben. Das Einzugsgebiet spielt
820 sicher auch eine Rolle, beispielsweise im Hinblick auf die weiterführende
821 Schule. Wenn ich als Kind auf eine Brennpunktschule gehe und dann auf das
822 Gymnasium wechsele, habe ich wahrscheinlich in den vier Grundschuljahren
823 nicht so viel gelernt, wie ein Kind, dass auf eine Schule mit geringem
824 Ausländeranteil in einem gutbürgerlichen Stadtteil gegangen ist. Oder wenn
825 mein Elternhaus mich immer begleitet, mir alles ermöglichen kann, Nachhilfe
826 finanziert, dann habe ich es natürlich leichter, als ein Kind, das mehr oder
827 weniger auf sich alleine gestellt ist. Grundsätzlich sind nun mal die
828 Lernvoraussetzungen der Schüler unterschiedlich, also gibt es auch keine
829 Chancengleichheit. Ich denke, wir Schulen bemühen uns wirklich um
830 Chancengleichheit, aber letztlich wird nie alles gerecht ablaufen."

831

832 I: *„Beim Übergang auf die weiterführende Schule entscheiden in Hessen letztlich*
833 *die Eltern. Ist das aus Ihrer Sicht sinnvoll?"*

834

835 B2: „Eigentlich sollte man meinen ja, denn dadurch geben wir letztlich die
836 Verantwortung ab und können jede Schuld von uns weisen, wenn der gewählte
837 Bildungsweg schief läuft. Auf der anderen Seite gehen mittlerweile Kinder aufs
838 Gymnasium, die dort eindeutig überfordert sind. Häufig Kinder, die mit Ach und
839 Krach die Realschule schaffen würden. Die Eltern ignorieren einfach unsere
840 Bedenken und sind der Meinung, dass sie das mit Nachhilfeunterricht schon
841 hinbekommen. Sie haben gar keine Vorstellung, was an Anforderungen auf ihre
842 Kinder zukommt. Ihnen ist auch oft nicht klar zu machen, dass unser
843 Bildungssystem ja auch in späteren Jahren noch alle Möglichkeiten bietet. Man
844 kann ja auch Fachabitur machen oder so. Würden wir darüber entscheiden oder
845 wäre beispielsweise der Notenschnitt ausschlaggebend, dann bliebe vielen
846 Kindern der vorprogrammierte Abstieg wahrscheinlich erspart. Grundsätzlich
847 finde ich es aber schwierig, ein Kind von neun oder zehn Jahren schon so
848 abschließend beurteilen zu müssen. Gerade die Jungs sind manchmal noch
849 verspielter als die Mädchen. Ihnen würde beispielsweise ein Jahr mehr
850 Grundschule oft gut tun."

851

852 I: „*Früher Schulwechsel in Deutschland im Vergleich zu Skandinavien. Wäre*
853 *das skandinavische Modell besser?*"

854

855 B2: „Ich kenne das skandinavische Schulsystem leider nicht wirklich. Man hört
856 natürlich immer viel Positives, aber ich habe mich noch nicht damit beschäftigt,
857 wenn ich ehrlich sein soll. Ich kann aber unser System mit dem von Neuseeland
858 vergleichen, weil ich dort ein Praktikum an einer Grundschule in Christchurch
859 gemacht habe. Dort wurden Kinder bis Jahrgang acht unterrichtet. Immer zwei
860 Jahrgänge wurden dort zusammengelegt. Also eins und zwei, drei und vier, fünf
861 und sechs usw. Es war schön zu sehen, wie die Kinder sich gegenseitig geholfen
862 haben. Ich hatte zum Beispiel den Eindruck, dass dort viele Erstklässler schneller
863 und besser lesen konnten als bei uns. Ich hatte auch das Gefühl, dass es den
864 Kindern gut damit ging, dass sie bis Klasse acht zusammen bleiben konnten.
865 Wenn sie dann gehen, sind sie meistens so vierzehn oder fünfzehn Jahre alt und
866 dann kann man eigentlich einen Schüler schon sehr gut einschätzen und
867 gemeinsam mit ihm und den Eltern überlegen, wie es weitergeht. Mein Vater
868 lebt in Berlin und arbeitet dort als Gymnasiallehrer. Dort geht die Grundschule
869 ja auch bis zur sechsten Klasse. Vielleicht sollte man den Schulwechsel
870 tatsächlich nach hinten verschieben. Oder zumindest mehr integrierte
871 Gesamtschulen anbieten. Dieses frühe Einteilen in Schulformen passt nicht mehr
872 so richtig in unsere Zeit, finde ich."

873

874 **Fragen zur Elternschaft/Elternarbeit:**
875 I: „*Welche Erfahrungen haben Sie im Umgang mit Eltern gemacht?*

876

877 B2: „Ich hatte am Anfang das Gefühl, gerade auch im Referendariat, dass man
878 als junge Lehrerin genauer angeschaut und beobachtet wird. Und, dass die Eltern
879 ziemlich unsicher sind. Also gerade als meine damalige Klasse erfahren hat, dass
880 ich jetzt Mathe unterrichten werde und auch komplett für den
881 Mathematikunterricht verantwortlich bin. So auf die Art, die hat doch überhaupt
882 keine Ahnung. Hoffentlich klappt das auch. Als sie dann nach und nach gemerkt
883 haben, was ich mit den Kindern so alles mache, da haben mir die Eltern wirklich
884 gesagt, sie finden es toll was ich mit den Kindern gemacht habe, das würde man
885 im normalen Mathematikunterricht nicht so erleben. Klar, während des

886 Referendariats ist man ja quasi ständig auf dem Prüfstand. Durch die ganzen
887 Unterrichtsbesuche und so. Da muss man sich ja viel mehr Gedanken machen,
888 als normalerweise. Die Kinder profitieren eigentlich von einer Referendarin.
889 Man muss einfach viel mehr abwechslungsreiche und neue Elemente in den
890 Unterricht einbauen. Die Ausbilder oder Prüfer wollen ja immer etwas Neues
891 sehen und auch eine Weiterentwicklung. Ich glaube, dass die Eltern mittlerweile
892 meine Motivation erkennen und sie auch mein Engagement zu schätzen wissen.
893 Sie sehen ja jetzt, dass es läuft. Ich denke, dass ich mittlerweile als richtige
894 Lehrerin akzeptiert werde (lacht)."

895

896 I: „Hat sich die Erwartungshaltung seitens der Eltern an die Schule und die
897 Lehrer in den letzten Jahren verändert?"

898

899 B2: „Ich habe natürlich nicht so wirklich den Vergleich, da ich ja noch nicht
900 lange Lehrerin bin. Ich unterhalte mich aber natürlich mit älteren Kolleginnen
901 oder auch mit meinen Eltern. Also ich glaube schon, dass sich da ein bisschen
902 was geändert hat. Gerade, weil sich Schule insgesamt verändert hat. Sicher auch
903 durch die jüngere Generation Lehrer, die jetzt eingesetzt wird und schon als
904 Klassenleitung fungiert. Wir sind durch das Studium und das Referendariat doch
905 sehr auf die Bildungsstandards bedacht. So Dinge wie soziales Lernen einfach
906 mal zu stärken. Das ist ja alles empirisch bewiesen, dass solche Kompetenzen
907 für den späteren Berufsalltag sehr, sehr wichtig sind. Es wird heute ganz anders
908 gelernt und das ist für die Eltern nicht immer nachvollziehbar. Sie vergleichen
909 natürlich alles mit ihrer eigenen Schulzeit. Sie stehen neuen Methoden oft sehr
910 kritisch gegenüber. Aber das ist halt immer ein Prozess und am Ende muss es
911 laufen. Man muss halt vieles den Eltern erst mal erklären und die Arbeit
912 transparent machen. Das war wahrscheinlich früher nicht so der Fall. Da haben
913 die Eltern wohl eher darauf vertraut, dass die Lehrer ihren Job schon
914 beherrschen. Heute haben viele Eltern einfach Angst, etwas zu verpassen. Sie
915 wollen, dass ihr Kind bestmöglich gefördert wird. Ich denke, da stecken
916 hauptsächlich Zukunftsangst und eigene, unerfüllte Wünsche dahinter. Die
917 Eltern sehen meistens nur ihr Kind, selten die Gemeinschaft. Sie erwarten schon
918 eine rundum Betreuung seitens der Schule für ihr Kind. Das da noch zwanzig
919 andere in der Klasse mit anderen Bedürfnissen rumspringen, interessiert viele

920 nicht wirklich. Man muss aber als Lehrer letztlich das Wohl aller Kinder im
921 Auge haben. Und viele Eltern erwarten von uns auch Lösungen für jedes
922 Problem. Macht man ihnen dann Vorschläge wie Ergotherapie,
923 Kinderpsychologe oder Erziehungshilfe, dann wird zwar brav genickt, aber viele
924 machen gar nichts und alles läuft weiter wie bisher. Vielen ist auch nur die
925 ganztägige Betreuung wichtig. Die Hauptsache das Kind ist untergebracht.
926 Wenn es bei uns ist, dann können wir ihnen auch gleich den Umgang mit Messer
927 und Gabel beibringen. Und alle sollen natürlich auf das Gymnasium. Wenn das
928 nicht klappt, sind wir Lehrer schuld, denn das Kind ist ja schließlich hochbegabt.
929 Ich sage das jetzt ein wenig überspitzt, aber so ähnlich läuft das häufig leider
930 ab."

931

932 I: „Engagieren sich die Eltern regelmäßig in der Schule?"

933

934 B2: „Das ist von Klasse zu Klasse unterschiedlich, finde ich. Wenn du einen
935 guten Elternbeirat hast, der die Leute auf Trab bringt, dann ist die Unterstützung
936 eigentlich gut. Es gibt aber auch Klassen, da findest du kaum ein Elternteil das
937 bereit ist mal einen Ausflug zu begleiten oder Plätzchen zu backen. Es kommt
938 natürlich auch darauf an, inwieweit die Eltern berufstätig sind und sich
939 überhaupt frei machen können. Man kann ja nicht immer allen gleich
940 Desinteresse unterstellen. Aber klar. Elternengagement ist wichtig. Vieles kann
941 ohne sie nicht umgesetzt werden."

942

943 I: „Empfinden Sie die Elternarbeit als Belastung oder als Hilfe?"

944

945 B2: „(Lacht) Das kommt natürlich auch immer auf die jeweiligen Eltern an. Es
946 gibt Eltern, die sind total unkompliziert und vertrauen mir und meiner Arbeit.
947 Sie erwarten von mir eigentlich nur, dass ich mich melde, wenn etwas nicht läuft.
948 Das Kind beispielsweise nicht mitarbeitet oder ständig die Sachen vergisst, oder
949 so. Und dann gibt es Eltern, die mischen sich in alles ein, wollen überall mitreden
950 und stehen fast jeden Tag auf der Matte oder schreiben mir laufend Mails wegen
951 Banalitäten. Die nerven dann schon. Ihnen passt mal die Sitzordnung nicht, mal
952 finden sie das Ausflugziel nicht gut, dann regen sie sich auf, dass ihr Kind ein
953 Referat mit einem anderen Kind vorbereiten soll usw. Das belastet dann schon.

954 Irgendwann will man auch mal Feierabend haben und nicht noch Seiten lange

955 Mails lesen und beantworten müssen."

956

957 **Fragen um Bereich „Pädagogische Anforderungen" heute**

958 I: *„Welche pädagogischen Anforderungen werden heutzutage an Sie gestellt?"*

959

960 B2: „Ich denke man muss sehr flexibel sein. Nur selten kann man seinen

961 geplanten Unterricht wirklich durchziehen. Ständig gibt es Störungen oder

962 Änderungen auf die man reagieren muss. Man hat eigentlich in jeder Klasse

963 verhaltensauffällige Schüler, die es zu bändigen gilt. Dann muss man aufgrund

964 der großen Heterogenität innerhalb der Klassen eigentlich immer differenzieren.

965 Viele Kinder können kein Deutsch, mit ihnen kannst du bestimmte Dinge

966 natürlich erst mal nicht machen, also musst du andere Sachen vorbereiten. Dann

967 stehen die Themen nicht mehr so im Vordergrund, sondern der Erwerb von

968 Kompetenzen gilt jetzt als wichtiger, was ich aber eigentlich auch befürworte.

969 Dein Unterricht soll transparent sein, Kolleginnen kommen zum hospitieren. Du

970 musst dich mit Sonderschulpädagogen absprechen, wenn du beispielsweise ein

971 Lernhilfekind in der Klasse hast. Und am Ende des vierten Schuljahres sollen

972 die Kinder dann aber möglichst doch alle Grundrechenarten, die Zeiten und die

973 Satzglieder drauf haben, denn die weiterführende Schule und die Eltern haben ja

974 auch eine Erwartungshaltung. Irgendwie hat man immer das Gefühl, dass die

975 Zeit nicht reicht, um das alles hinzubekommen."

976

977 I: *„Einsatz von neuen Medien als An-/Herausforderung?"*

978

979 B2: „Ich denke, da bin ich ein wenig im Vorteil gegenüber älteren Kolleginnen,

980 die Jahrzehnte lange ohne Computer, Active-Board, Beamer usw. unterrichtet

981 haben. Für mich ist der Umgang mit neuen Medien ja ganz normal. Den

982 technischen Wandel an den Schulen habe ich so jetzt noch nicht wirklich erlebt.

983 Wir arbeiten auch teilweise daran, aber ich glaube, dass es nach und nach schon

984 sinnvoll ist, die ganzen neuen Medien einzusetzen. Die Kinder werden damit

985 groß und später im Beruf, werden diese Kenntnisse ja mittlerweile vorausgesetzt.

986 Klar ist die gute alte Tafel gut und sinnvoll. Aber mit einem Active-Board hat

987 man einfach mehr Möglichkeiten. Man kann die ganzen Sachen speichern. Ich

glaube, dass es einfach ein Medium ist oder auch für uns ein Medium bereitstellt, das viel viel mehr kann als die herkömmliche Tafel und ich denke auch, dass die Kinder da ihre Erfahrungen sammeln sollten. Aber hier bräuchte man dann auch wieder eine Fortbildung für das ganze Kollegium. Was ich nicht befürworte sind so Dinge wie Autokorrektur oder der permanente Einsatz von Taschenrechnern. Die Schüler müssen richtig schreiben lernen und sie müssen ihre Fehler auch erkennen und benennen können. Sie müssen sehen wo ihre Fehler liegen. Genauso müssen sie rechnen lernen. Die Rechenoperationen, die Rechenwege verstehen, eben. Wenn das sitzt, dann kann man in oberen Klassen natürlich auch die Taschenrechner einsetzen, In der Grundschule halte ich aber nichts davon."

I: *„Klassische Stoffvermittlung bei gleichzeitiger Differenzierung?"*

B2: „Na, ja (seufzt). Die klassische Stoffvermittlung soll ja wie gesagt nicht mehr so im Vordergrund stehen. Der Erwerb von Kompetenzen ist jetzt wichtiger geworden. Die kann man ja über vier Schuljahre verteilt vermitteln. Das ist gut, denn dann ist auch nicht zwingend notwendig, ein bestimmtes Thema, z.B. im Sachunterricht zu behandeln. Grundsätzlich geht es ohne Differenzierung aber nicht mehr. Du kannst bei den heutigen Schülern nicht mehr erwarten, dass alle dasselbe machen oder leisten. Letztlich musst du sehen, wo die Kinder stehen und wo du sie im Optimalfall hinbringen kannst. Manche werden am Ende des vierten Schuljahres alle Satzglieder kennen und bei anderen bist du froh, dass sie wissen was ein Prädikat und ein Subjekt ist. Ich denke, das akzeptiert man heute eher als früher. Obwohl das früher letztlich nicht viel anders war."

I: *„Sinkt dabei nicht das Niveau?"*

B2: „Also wenn es um abfragbares Wissen geht schon, denke ich. Aber natürlich kommt es auch immer auf die Lerngruppe an, die vor dir sitzt. Dieser Lerngruppe passt du natürlich in gewisser Weise auch das Niveau an und du versuchst, einzelnen Schülern durch Differenzierung nach oben oder unten Rechnung zu tragen. Die Kinder lernen heute anders, sie hinterfragen viel mehr, sind oft sehr neugierig und wissbegierig. Deshalb stehen Dinge wie vermuten,

1022 Lösungsansätze finden und begründen auch immer mehr im Vordergrund. Ich
1023 denke in den Grundschulen sinkt das Niveau nicht, wenn nicht zu viele Faktoren
1024 von außen dafür sorgen."

1025

1026 I: *„Und die Inklusion?"*

1027

1028 B2: „Eine sehr schwierige Frage für mich. Ich bin da hin und hergerissen. Ich
1029 habe sowohl während meines Referendariats als auch jetzt Inklusionskinder
1030 kennengelernt und ich habe mich auch gerade als Referendarin sehr intensiv
1031 damit auseinandergesetzt. Grundsätzlich ist die Idee sicher gut, weil vielleicht
1032 einige dieser Kinder tatsächlich integriert werden können, Kontakt zu normalen
1033 Kindern haben und sie dadurch vielleicht richtig gute Fortschritte machen. Aber
1034 so wie das jetzt abläuft ist es für alle Beteiligten nicht sinnvoll. Klar unterstützen
1035 uns die Teilhabeassistenten oder auch Lehrer von früheren Sonderschulen. Aber
1036 das ist doch immer nur stundenweise. Dann werden die Kinder mal aus dem
1037 Klassenverband rausgenommen. Aber oft sind die Helfer nicht mal die Hälfte
1038 der Zeit da oder sie werden krank und es kommt kein Ersatz. Dann stehe ich als
1039 Lehrer alleine da und soll allen gerecht werden und mich ganz besonders um das
1040 Inklusionskind kümmern. Das funktioniert aber nicht. Diese Kinder brauchen
1041 viel mehr Aufmerksamkeit als andere, natürlich nicht die, die eine
1042 Gehbehinderung haben oder schlecht hören. Aber wenn sie z.B. ein Kind mit
1043 Downsyndrom haben, dann ist normaler Unterricht ohne eine weitere
1044 erwachsene Person aus meiner Sicht nicht möglich. Ehrlich gesagt habe ich auch
1045 keine Erfahrung im Umgang mit diesen Kindern. Ich kenne auch die ganzen
1046 Krankheiten nicht wirklich. Also muss ich mich schlau machen, was ich dann in
1047 meiner Freizeit tun muss. Oft denke ich dann, wieso mache ich das eigentlich?
1048 Ich bin Lehrerin und keine Ärztin. Aber letztlich muss ich ja doch wissen, was
1049 hinter den ganzen medizinischen Begriffen steht. Grundsätzlich muss in
1050 Inklusionsklassen immer eine Doppelbesetzung garantiert sein und zwar mit
1051 Leuten, die sich mit der jeweiligen Problematik des Kindes auskennen.
1052 Ansonsten bleiben eigentlich alle irgendwie auf der Strecke."

1053

1054 I: *„Flüchtlingskinder?"*

1055

1056   B2: „Ja, die nächste Baustelle. (…) Also grundsätzlich ist es so, dass ich hier ein

1057   ganz anderes Klientel kennengelernt habe, als ich es von meiner

1058   Referendariatsschule gewohnt war. Dort war alles noch sehr behütet und

1059   gutbürgerlich. Jetzt ist es eigentlich so, dass es in den meisten Klassen bei

1060   zwanzig Schülern oft nur noch drei oder vier deutsche Kinder gibt. Alle anderen

1061   haben einen Migrationshintergrund und ihre Deutschkenntnisse sind

1062   unterschiedlich gut. Immer mehr Kinder haben jetzt Deutsch als Zweitsprache,

1063   also DAZ. Jetzt kommen noch die Flüchtlingskinder ohne jene

1064   Deutschkenntnisse dazu und gerade für die wäre es besser, wenn sie mehr

1065   Mitschüler mit sehr guten Deutschkenntnissen hätten. Sie lernen hier eher

1066   Deutsch auf niedrigerem Niveau. Das ist natürlich nicht gut. Ja und grundsätzlich

1067   werden wir hier halt auch von den Politikern alleine gelassen. Du hast die

1068   Inklusionkinder, die Kinder mit schlechten deutschen Sprachkenntnissen, die

1069   Kinder mit ADS usw. Und jetzt noch die Flüchtlingskinder, die teilweise

1070   schlimmes erlebt haben. Wir sollen das aber alles bei gleichbleibenden

1071   Bedingungen schaffen. Aufgrund der vielen Probleme müsste es eigentlich

1072   grundsätzlich in jeder Klasse eine Doppelbesetzung geben und vielleicht auch

1073   Sozialarbeiter die fest an der Schule installiert sind. Irgendwie fühlt man sich nie

1074   fertig mit der Arbeit und ständig wird mehr erwartet. Es sind einfach zu viele

1075   Anforderungen. Die einen soll man fördern, die anderen mehr fordern,

1076   gleichzeitig soll man die Inklusionskinder und die Flüchtlinge integrieren,

1077   gleichzeitig soll man die Kinder topp auf die weiterführende Schule vorbereiten,

1078   sich regelmäßig mit den Eltern austauschen. Das frustriert schon.“

1079

1080   I: *„Gute Unterrichtsvorbereitung trotz neuer Anforderungen?“*

1081

1082   B2: „Das ist ja das, was ich gerade erzählt habe. Irgendetwas bleibt dann auch

1083   auf der Strecke. Und oft ist es die Unterrichtsvorbereitung. Man hat einfach

1084   keine Zeit und Kraft mehr dafür. Eigentlich sollte aber doch der Unterricht das

1085   Wichtigste sein und im Vordergrund stehen. Das dachte ich zumindest immer.

1086   Man hat ja auch eine Erwartungshaltung an die eigene Arbeit. Nein, vieles was

1087   ich eigentlich im Unterricht oder im Laufe einer Einheit mit den Kindern machen

1088   will, fällt dann anderen Dingen zum Opfer. Und das geht eigentlich allen so.“

1089

I: „*Bereitet einen das Studium und das Referendariat auf die neuen Aufgaben vor?*“

B2: „Das Studium eigentlich so gut wie gar nicht, da es viel zu Theorielastig ist. Das ganze Wissen aus den Büchern, nützt einem im Alltag dann doch recht wenig. Obwohl es immer wieder mal Themen gibt, wo ich schon alte Uniordner aufschlage und nachschaue, wie war das denn jetzt nochmal mit dem und dem Problem, z. B. in Mathe? Wie kann ich es fördern oder auch beim Schriftspracherwerb habe ich schon mal geschaut, was mache ich mit den Kindern, die vielleicht noch nicht richtig schreiben, wie kann man denen helfe? Da ist die Theorie dann doch mal nützlich, aber ich denke, dass sie insgesamt zu lange im Studium behandelt wurde. Das Referendariat bereitet einen wirklich vor, zumal man ja auch eigenverantwortlich unterrichtet und man viel an der Schule ist. Man bekommt viel von den Kollegen mit, man ist auf den Konferenzen dabei, ich war auch mit auf einer Klassenfahrt und man kann sich im Studienseminar mit anderen austauschen. Am Anfang ist man natürlich sehr unsicher. Ich hatte zum Beispiel eine erste Klasse. Und als es dann auf den ersten Unterrichtsbesuch zuging, da dachte ich schon, das kann spannend werden. Die können ja kaum ihren blauen Schnellhefter alleine rausholen. Wie soll ich da eine perfekte Stunde präsentieren. Diese Stunden schlauchen einen wirklich und jeder Ausbilder will auch was Anderes von dir sehen. Man kann es ihnen halt oft nicht recht machen. Du musst da halt irgendwie durch und nicht aufgeben. Mir war ohnehin das Feedback der Kinder und der Schulleitung wichtiger. Die Ausbilder wollen einen halt an die Grenze der Belastbarkeit bringen. Diese Besuche haben ja mit dem Unterrichtsalltag gar nichts zu tun. Den Aufwand den du da betreibst, kannst mit einer vollen Stelle einfach nicht hinbekommen. Letztendlich bereitet dich das Referendariat aber gut auf den Beruf vor. Am Anfang ist das Unterrichten sehr anstrengend, aber es wird nach und nach leichter und man kann wirklich viele Erfahrungen sammeln und auch vieles mal ausprobieren. Ich denke, man kommt dadurch gut in den Lehrerberuf rein. Aber es ist ein verdammt harter Weg bis dahin.“

Fragen zur Kooperation an der Schule

I: „*Wie sieht die Kooperation an ihrer Schule aus?*“

1124

1125 B2: „Also ich wurde hier sehr herzlich aufgenommen und alle im Kollegium

1126 verstehen sich wirklich gut. Es gibt keine Grüppchenbildung oder so was. Hier

1127 ist es wirklich so, dass man sich viel über Privates unterhält oder auch Sachen

1128 außerschulisch unternimmt und dass man sich mal trifft. Das war in der alten

1129 Schule nicht so, da wurde mehr das Schulische besprochen und das war es dann

1130 aber auch. Da hat auch jeder mehr sein eigenes Ding gemacht. Hier kooperieren

1131 wir viel, eigentlich ständig. Jeder hilft jedem, wir tauschen Materialien aus und

1132 konzipieren auch Arbeiten gemeinsam. Das läuft hier echt gut. Auch die älteren

1133 Kolleginnen sind offen für alles. Die machen jede neue Entwicklung mit. Das

1134 finde ich auch gut, weil Schule entwickelt sich ständig, die Kinder entwickeln

1135 sich, man darf nicht stehen bleiben, deshalb kann man ja trotzdem auf alt

1136 bewährtes zurückgreifen. Ich denke, die ganzen Anforderungen an unseren

1137 Beruf kann man auch nur dann einigermaßen schaffen, wenn man Kollegen hat,

1138 die einen unterstützen. Selbst wenn es nur mal das Zuhören nach einem

1139 stressigen Tag ist. Wir können die Probleme nicht alle mit nach Hause nehmen.

1140 Es ist für mich wichtig, mit anderen Kollegen über schwierige Kinder zu

1141 sprechen. Sie kennen die Kinder, haben sie vielleicht schon mal unterrichtet oder

1142 erlebt. Man sollte sich viel austauschen sowohl mit der Schulleitung als auch mit

1143 anderen Kollegen. Das ist für mich auch Kooperation.“

1144

1145 I: „*Kooperieren Sie auch mit der Schulleitung?*“

1146

1147 B2: „Unsere Schulleitung unterrichtet ja selbst auch noch, wenn auch sehr stark

1148 abgespeckt. Daher ist sie auch in die Koordination zumindest teilweise

1149 eingebunden. Ich denke, das ist auch wichtig, sonst verliert man schnell den

1150 Bezug zur Realität. Vergisst, was tatsächlich alles im Schulalltag zu leisten ist.

1151 Gerade als Klassenlehrer. Wir haben regelmäßige Dienstversammlung in denen

1152 man alles ansprechen kann und sie nimmt sich auch für persönliche Gespräche

1153 Zeit. Ich denke, da sind wir gut bedient.“

1154

1155 I: „*Gibt es gemeinsame Fortbildungen innerhalb des Kollegiums?*“

1156

1157 B2: „Ja, aber eher im Rahmen der Pädagogischen Tage. Ich schließe mich aber

1158 gerne mit einzelnen Kolleginnen zusammen und wir besuchen gemeinsam

1159 Fortbildungen."

1160

1161 I: *„Fühlen Sie sich seitens der Schulleitung ausreichend unterstützt?"*

1162

1163 B2: „Doch, schon. Unsere Schulleitung unterstützt das auch. Allerdings sind ihr

1164 Fortbildungen in den Ferien oder am Wochenende natürlich lieber. Unter der

1165 Woche ist das für den Ablauf in der Schule oft schwierig zu stemmen. Dann fällt

1166 Unterricht aus oder die Kinder werden aufgeteilt. Ich würde eigentlich gerne

1167 mehr Fortbildungen machen, aber es fehlen einfach die Zeit und die Kraft dazu.

1168 Und man hat dann auch mal ein schlechtes Gewissen gegenüber den Kollegen,

1169 wenn die dann Vertretungsunterricht machen müssen."

1170

1171 **Fragen zum „Lehrerbild" in der Gesellschaft**

1172 I: *„Hat sich mit den neuen Anforderungen eigentlich auch das Lehrerbild in der*

1173 *Gesellschaft gewandelt?"*

1174

1175 B2: „Ist für mich schwierig zu beantworten, da ich ja noch nicht lange Lehrerin

1176 bin. Aber wenn ich zum Beispiel neue Leute kennen lerne, dann kommt

1177 eigentlich immer gleich der Hinweis auf die langen Ferien. Also zwölf Wochen

1178 frei, wie kann man sich da beschweren, wenn mal etwas mehr Arbeit anfällt.

1179 Und dann erst die hohe Pension. Die alleine rechtfertigt doch schon den Stress.

1180 Als würde ich jetzt schon an meine Pension denken."

1181

1182 I: *„Wie reagieren Sie auf derartige Kommentare?"*

1183

1184 B2: „Ganz unterschiedlich. Es kommt auf das Gegenüber an und ob ich Lust

1185 habe, überhaupt darüber zu reden oder gar Aufklärungsarbeit zu leisten. Aber

1186 das nervt mich schon, denn die meistens Leute haben nicht wirklich Ahnung,

1187 was alles mit dem Lehrerberuf zusammenhängt. Die sehen eigentlich immer nur

1188 den Unterricht. Die sehen eben nicht, dass ich ganz häufig erst gegen vier oder

1189 fünf Uhr nach Hause gehe und ich dann oft immer noch nicht mit meiner Arbeit

1190 fertig bin. Außerdem kann man, wenn man mit Kindern arbeitet, nicht einfach

1191 alle Sorgen und Probleme vor der Haustür ablegen. Ich wache oft mitten in der
1192 Nacht auf und denke über ein bestimmtes Kind nach. Mir ist es schon wichtig,
1193 was aus den Schülern wird. Das sie auf der neuen Schule gut zurechtkommen
1194 usw. So etwas kennt man aus anderen Berufen eher nicht, denke ich."
1195
1196 I: „*Also eigentlich ist ein echtes Abschalten gar nicht möglich?*"
1197
1198 B2: „Doch schon, ich will das ja auch nicht dramatisieren. Aber dafür braucht
1199 man eben auch die Ferien. Um mal loszulassen. Klar haben wir viel Ferien, aber
1200 auch da muss ich ja etwas für meinen Job tun. Mein Büro aufräumen, neues
1201 Material sichten, Unterricht für die ersten Tage planen. Ich habe dann halt mal
1202 für alles mehr Zeit und Ruhe. Aber gar nichts machen geht nicht."
1203
1204 I: „*Ist dieses Bild vom faulen Lehrer aus Ihrer Sicht noch stark vertreten?*"
1205
1206 B2: „Irgendwie schon. Zumindest am Anfang. Man muss sich als Lehrer häufig
1207 rechtfertigen, dass man länger Ferien hat als andere oder mittags schon
1208 Feierabend. Die Leute die Schulkinder haben, sehen das inzwischen zum Glück
1209 schon etwas anders. Oder auch Leute aus dem engeren Bekanntenkreis. Da
1210 bekommt man auch mal Anerkennung für das was man täglich leistet. Aber
1211 Leute die mit Schule nichts zu tun haben, die sind dann häufig ganz erstaunt,
1212 wenn man ihnen erzählt, was heutzutage so alles von uns erwartet wird. Sie sind
1213 sehr festgefahren in ihrer Meinung und kennen Schule ja eigentlich nur aus der
1214 Schülerperspektive. Und als Schüler macht man sich ja letztlich keine Gedanken
1215 darüber, was ein Lehrer so alles zu tun hat. Man sieht ihn ja nur im Unterricht."
1216
1217 I: „*Wie könnte man denn diese falsche Wahrnehmung des Lehrerberufes*
1218 *ändern?*"
1219
1220 B2: „Wenn ich das wüsste. Ich denke, man muss offen sein für Fragen, auch für
1221 Konfrontationen, und dann versuchen aufzuklären. Manchmal würde ich die
1222 Leute gerne einladen mal eine Woche an unserer Schule zu hospitieren
1223 beziehungsweise mich mal eine Woche quasi zu begleiten. Ich glaube, eine
1224 Woche würde bereits genügen, um deren Sichtweise zu ändern."

1225

1226 I: „*Fühlen Sie sich seitens der Gesellschaft ungerecht behandelt?*"

1227

1228 B2: „Der Gesellschaft ist natürlich ein großes Wort. Ich bewege mich ja nur in
1229 einem überschaubaren Radius. Und sicherlich sehen Deutschlandweit schon
1230 viele Menschen, dass wir immer mehr zu leisten und bewältigen haben. Aber ja,
1231 ich fühle mich schon manchmal ungerecht behandelt. Die Erwartungshaltung
1232 der Gesellschaft ist einfach unrealistisch. Um all die Erwartungen zu erfüllen,
1233 müsste das ganze System komplett reformiert werden. Das würde ein Vermögen
1234 kosten und Jahre dauern. Das will keiner durchziehen, also versucht man
1235 krampfhaft, mit zum Teil fast sinnfreien Änderungen und Erlassen irgendwelche
1236 Baustellen zu beheben. Am Ende können wir und unsere Schüler es ausbaden.
1237 Siehe G8 und jetzt die Inklusion."

1238

1239 I: „*Ist denn wenigstens die Bezahlung angemessen?*"

1240

1241 B2: „Ich denke, dass wir Lehrer nicht schlecht bezahlt werden und wir haben
1242 einen sicheren Arbeitsplatz, das darf man nicht unterschätzen. Allerdings kann
1243 ich nicht verstehen, warum ich als Grundschullehrerin deutlich weniger verdiene
1244 als Lehrer der weiterführenden Schulen. Wir arbeiten mindestens genauso viel.
1245 Von uns geht keine Vollzeitkraft um viertel nach eins nach Hause."

1246

1247 I: „*Vielleicht ist weniger fachliche Kompetenz gefordert?*"

1248

1249 B2: „Klar, ich muss mit meinen Schülern nicht Faust lesen oder eine
1250 Kurvendiskussion führen. Dafür müssen wir aber über eine hohe
1251 Methodenkompetenz verfügen und ich denke, wir sind auch als Pädagogen viel
1252 mehr gefordert. Die Beziehungsebene hat doch eine ganz andere Bedeutung. Wir
1253 sind sehr wichtig für die Kinder. Das ist einerseits schön, aber zuweilen eben
1254 auch belastend. Oft komme ich mir vor wie ein Sozialarbeiter oder ein
1255 Psychologe, der sich nebenbei auch noch um die Belange der Eltern kümmern
1256 muss. Ich finde, die Bezahlung ist gut, aber im Verhältnis zu anderen Lehrern
1257 eben nicht. Ich hoffe, da tut sich irgendwann mal was."

1258

1259   I: *„Was ist angesichts der vielen Probleme Ihre Motivation weiterzumachen, mal*
1260   *abgesehen vom Geld verdienen?"*

1261

1262   B2: „(lacht) Die Frage ist gut. Ich habe ja quasi erst angefangen zu arbeiten. Also
1263   erst mal habe ich so lange dafür gearbeitet, um überhaupt Lehrerin werden zu
1264   können. Und außerdem ist das wirklich, trotz der wachsenden Probleme, mein
1265   Traumberuf. Die Arbeit mit den Kindern ist einfach immer spannend und
1266   abwechslungsreich. Kein Tag ist wie der andere. Das finde ich toll. Und es macht
1267   mich irgendwie auch stolz und glücklich, wenn meine Schüler gut lernen und
1268   sichtbare Fortschritte machen. Oder wenn sie mir zeigen, dass sie mich mögen
1269   und sie Vertrauen zu mir haben. Das motiviert einen weiter zu machen.
1270   Außerdem gibt es doch in jedem Beruf Höhen und Tiefen. Ich werde das jetzt
1271   erst mal die nächsten Jahre machen. Vielleicht nehme ich mir mal irgendwann
1272   ein Sabbatjahr, um Kraft zu tanken. Aber im Moment, bin ich noch motiviert.
1273   Aber fragen Sie mich das noch mal in zehn Jahren. Vielleicht habe ich dann eine
1274   andere Meinung."

1275

1276   I: *„Wenn Sie unser Interview nochmals Revue passieren lassen, welche der*
1277   *neuen und alten Anforderungen an Sie, belastet Sie aus Ihrer Sicht im*
1278   *Unterrichtsalltag am meisten?"*

1279

1280   B2: „Ich denke, mich belastet die Erwartungshaltung der Eltern und die der
1281   Gesellschaft sehr. Die sind teilweise utopisch, aber man kann das vielen kaum
1282   vermitteln. Und ja klar, die vielen Probleme, die selbst kleine Kinder schon mit
1283   in die Schule bringen und die ich eben nicht immer zufriedenstellend lösen kann.
1284   Das macht mich oft traurig und hilflos. Das fehlende Verständnis von außen und
1285   die fehlende Unterstützung, gerade in Sachen Inklusion und Integration, die
1286   belasten mich wirklich."

1287

1288   I: *„Vielen Dank für das ausführliche und ehrliche Interview."*

1289

1290   B2: „Gerne. Ich drücke die Daumen für die Examensarbeit."

Darstellung 5: Kodierleitfaden

	Kategorien-bezeichnung	Definition der Kategorie	Ankerbeispiele B1	Ankerbeispiele B2	Kodierregel
OK 1	**Schüler**	Wandel des Schüler-Lehrer-Verhältnisses bedingt durch soziale Veränderungen			Der Bereich ,Eltern' fällt insofern in diesen Bereich, als dass ihr Handeln explizit ihre Kinder/die Schüler betrifft. (Familiensituation, Erziehung, …)
UK 1.1	Veränderte Kindheit	Auswirkung der gewandelten familiären Situation vieler Schüler auf den Unterrichtsalltag	„[…] Auffällig ist meiner Meinung nach, dass sich viele Kinder deutlich schlechter über einen längeren Zeitraum konzentrieren können. Sie bauen schneller ab, als früher. Viele sind es überhaupt nicht gewohnt, eine Arbeit zu beenden, dran zu bleiben. Sie sind sehr Lust gesteuert und sehen häufig nicht ein, dass sie auch mal Dinge tun müssen, die ihnen keinen Spaß machen. […] Sie erwarten	„ Viele Kinder sind auch einfach zu überfrachtet mit nachmittäglichen Aktivitäten. […] Dadurch fällt es ihnen auch unheimlich schwer mal abzuwarten oder mal nichts zu tun. Sie sind es gewohnt, dass sie immer etwas zu tun haben, alles ist organisiert. Das merkt man auch im Unterricht. Sie werden schnell unruhig, bauen auch oft sehr schnell ab, trotz	

„vieler Phasenwechsel. Ich denke, viele wissen schon mit sechs Jahren, was das Wort Stress bedeutet." (Z. 756-763)

„Das hat natürlich alles Auswirkungen auf das Miteinander oder das Sozialverhalten. Hier sehe ich mittlerweile viele Defizite." (Z. 766-768)

von uns, dass wir uns praktisch permanent um sie persönlich und ihre Bedürfnisse kümmern. Dass dort noch zwanzig andere ebenfalls Hilfe und Aufmerksamkeit brauchen interessiert sie eigentlich nicht." (Z. 54-63)

„Kaum haben die Kinder eine Arbeit beendet, dann stehen sie schon vor mir und fragen, was sie jetzt tun sollen. Einfach mal sitzenbleiben und abwarten was als nächstes kommt geht gar nicht mehr." (Z. 75-77)

„[...] dass nie alle Schüler alle notwendigen Materialien dabei haben. [...] Das hält immer den ganzen Betrieb auf und ist auch für den jeweiligen Schüler nicht gut. Er bekommt Ärger, kann nicht mitmachen oder anfangen. Das sind natürlich keine guten Voraussetzungen für ein erfolgreiches Lernen." (Z. 88-95)

UK			
UK 1.2	Erziehung	Übertragen des elterlichen Erziehungsauftrags an Lehrer und schulisches Umfeld	*„Es kommen manche Kinder in die Grundschule, die können nichts, was eigentlich mit sechs Jahren selbsverständlich sein müsste. Sie können keine Schere richtig halten, können nicht gut ausmalen, können nicht werfen oder fangen, sie kennen die Würfelbilder nicht, weil zuhause keine Gesellschaftsspiele mehr gespielt werden, viele Viertklässler können noch nicht schwimmen oder Fahrrad fahren. Das sind aus meiner Sicht alles Dinge, die Eltern ihren Kindern beibringen müssten. Das sind elementare Fähigkeiten." (Z. 104-110)*	*„Dann heißt es manchmal schon, dass wir Lehrer sind und das Erziehung ja wohl auch zu unseren Aufgaben gehöre." (Z. 776-777)* *„Aber wenn etwas schief läuft, haben wir eigentlich immer eine Mitschuld." (Z. 782-783)*
UK 1.3	Chancengleichheit	Gründe für/gegen das Vorhandensein von Chancengleichheit bei unterschiedlichen Einzugsgebieten der Schüler	*„Für mich steht und fällt alles mit dem Elternhaus. Weniger mit dem Einzugsgebiet. Und da alle Kinder eine eigene individuelle Lebensgeschichte haben, kann es Chancengleichheit nur bedingt geben." (Z. 147-149)*	*„[...] ich bin ohnehin der Meinung, dass es keine Chancengleichheit gibt. Die gab es nie und die wird es auch nie geben." (Z. 818-819)* *„Grundsätzlich sind nun mal die Lernvoraussetzungen der*

		„Ich versuche bestmöglich zu differenzieren. Ich sorge dafür, dass Kinder deren Eltern in schulischen Angelegenheiten überfordert sind, in unsere Betreuung kommen, bei uns Hausaufgaben machen können usw. Oft mache ich mir noch spät abends Gedanken über diese Kinder, weil ich weiß, dass ihre Eltern ihnen die notwendige Unterstützung eben nicht geben bzw. geben können." (Z. 153-158)	„Schüler unterschiedlich, also gibt es auch keine Chancengleichheit." (Z. 827-829)
UK 1.4	Übergang auf die weiterführende Schule	Entscheidungsfindung bzgl. des Übergangs auf die weiterführende Schule: Eltern vs. Lehrer	„Wir haben mittlerweile tatsächlich schon im 3. Schuljahr damit begonnen den Eltern zu erläutern, welche Anforderungen für welchen Bildungsgang notwendig sind, sodass sie ausreichend Zeit haben, ihr Kind im Hinblick auf die kommenden Anforderungen der einzelnen Schulzweige zu beobachten und möglichst realistisch einzuschätzen." (Z. 164-169)	„Eigentlich sollte man meinen ja, denn dadurch geben wir ja, letztlich die Verantwortung ab und können jede Schuld von uns weisen, wenn der gewählte Bildungsweg schief läuft." (Z. 835-837)

„Die Eltern ignorieren einfach unsere Bedenken und sind der Meinung, dass sie das mit Nachhilfeunterricht schon hinbekommen. Sie haben gar |

„Die meisten Eltern wollen ihr Kind auf Biegen und Brechen auf das Gymnasium schicken. Sie ignorieren schlicht die möglichen negativen Auswirkungen und Konsequenzen die dieser Schritt für ihr Kind haben könnte." (Z. 170-172)

„Wir kennen das Kind in der Regel seit vier Jahren. Wir sehen im Unterricht, was es selbstständig in der Lage ist zu leisten und was nicht. Wir machen uns oft wochenlang vor den Gesprächen mit den Eltern Gedanken, sprechen mit den Kollegen über jedes einzelne Kind usw. Das interessiert viele Eltern aber nicht. Im Gegenteil, teilweise wird uns dann fast unterstellt, wir hätten etwas gegen das Kind, wir würden ihm nicht zutrauen, wir hätten es eben nicht richtig motivieren können." (Z. 176-182)

keine Vorstellung, was an Anforderungen auf ihre Kinder zukommt." (Z. 839-842)

			„Die Grundschule müsste eine größere Einflussnahme haben." (Z. 197)	
OK 2	**Elternarbeit / Elternschaft**	Charakterisierung des direkten Eltern-Lehrer-Verhältnis		
UK 2.1	Umgang	Umgang mit Eltern der Schüler im Allgemeinen	„Ich persönlich habe nur selten Schwierigkeiten mit Eltern gehabt. Ich versuche immer offen und freundlich auf die Eltern zuzugehen, mache meine Entscheidungen oder Notengebungen transparent und wende mich bei auftretenden Schwierigkeiten recht zeitnah an die Eltern, sodass wir gemeinsam eine Lösung finden können." (Z. 229-233)	„Ich hatte am Anfang das Gefühl, gerade auch im Referendariat, dass man als junge Lehrerin genauer angeschaut und beobachtet wird. Und, dass die Eltern ziemlich unsicher sind." (Z. 877-879) „Ich glaube, dass die Eltern mittlerweile meine Motivation erkennen und sie auch mein Engagement zu schätzen wissen. Sie sehen ja jetzt, dass

UK 2.2	Erwartungen		
	Evolution der Erwartungshaltung seitens der Eltern an Schule u. Lehrer	*„Früher wollten die Eltern eigentlich nur, dass man den Kindern Wissen vermittelt und das möglichst umfangreich und gut. Den Eltern war klar, dass in jeder Klasse über zwanzig Kinder sitzen und man nur bedingt auf die Bedürfnisse des einzelnen eingehen konnte. Die eigentliche Erziehung empfanden die Eltern als ihre Angelegenheit."* (Z. 264-250) *„Heute erwarten die meisten Eltern, zumindest aber die bildungsnahen Eltern, dass ihr Kind individuell gefördert wird und einen bestmöglichen*	*„Es wird heute ganz anders gelernt und das ist für die Eltern nicht immer nachvollziehbar. Sie vergleichen natürlich alles mit ihrer eigenen Schulzeit. Sie stehen neuen Methoden oft sehr kritisch gegenüber."* (Z. 907-910) *„Heute haben viele Eltern einfach Angst, etwas zu verpassen. Sie wollen, dass ihr Kind bestmöglich gefördert wird."* (Z. 914-915)
		„Sollten die Eltern zu fordernd auftreten, dann mache ich ihnen meinen Standpunkt klar und lasse mich auch nicht einschüchtern. Vor allen Dingen versuche ich ihnen klar zu machen, dass ein Großteil der Erziehungsarbeit letztlich von ihnen geleistet werden muss." (Z. 233-236)	*es läuft. Ich denke, dass ich mittlerweile als richtige Lehrerin akzeptiert werde"* (Z. 891-894)

			Schulabschluss, sprich Abitur, erreicht. Dafür sollen wir sorgen. Darüber hinaus sollen wir ihre Kinder möglichst bis in den späten Nachmittag hinein mit pädagogisch sinnvollen Angeboten also bei den beschäftigen und sie bei den Hausaufgaben unterstützen. Letztlich wird das „Rundum-sorglos-Paket" erwartet. Funktioniert das alles nicht wie gewünscht, sind wir in der Regel die Schuldigen." (Z. 250-257) *„Die Eltern wollen ihre Kinder betreut wissen, die Inhalte dieser Betreuung interessieren sie oft nur am Rande." (Z. 258-260)*		
UK 2.3	Engagement	Engagement der Eltern in der Schule/bei schulischen Aktivitäten	*„Die Bereitschaft schwindet [...] merklich, was sicherlich auch mit der zunehmenden beruflichen Belastung vieler Eltern zu erklären ist." (Z. 266-268)* *„[...] es gibt Eltern, die sich wirklich engagieren und unsere*	*„Wenn du einen guten Elternbeirat hast [...] ist die Unterstützung eigentlich gut." (Z. 934-936)* *„Es gibt aber auch Klassen, da findest du kaum ein Elternteil das bereit ist mal einen Ausflug*	Hier wird lediglich danach gefragt, ob Engagement seitens der Eltern stattfindet.

UK 2.4	Elternarbeit	Elternarbeit als Belastung bzw. Unterstützung für die Arbeit des Lehrers	„Es ist eher ein notwendiges Übel und hängt natürlich von den jeweiligen Eltern ab." (Z. 280-281)	„Elternengagement ist wichtig. Vieles kann ohne sie nicht umgesetzt werden." (Z. 940-941) „Es gibt Eltern, die sind total unkompliziert und vertrauen mir und meiner Arbeit." (Z. 945-946) „Und dann gibt es Eltern, die mischen sich in alles ein, wollen überall mitreden und stehen fast jeden Tag auf der Matte oder schreiben mir laufend Mails wegen	Hier gilt es, das Engagement zu bewerten.
			Arbeit aktiv unterstützen. Das sind aber in der Regel immer die gleichen Eltern, meistens die Elternbeiräte oder Eltern aus dem Förderverein." (Z. 264-266)	zu begleiten oder Plätzchen zu backen." (Z. 936-937) „Es kommt natürlich auch darauf an, inwieweit die Eltern berufstätig sind [...]. Man kann ja nicht immer allen gleich Desinteresse unterstellen." (Z. 937-940)	

			„Banalitäten. Die nerven dann schon." (Z. 949-951)
OK 3	**Pädagogische Anforderungen heute**	Wandel der pädagogischen Anforderungen an den Lehrer bedingt durch voranschreitende Heterogenität	„Die Lerngruppen sind deutlich heterogener als früher, hinzu kommen Sprachbarrieren und diverse Lernbehinderungen, die ich in meinem Unterricht berücksichtigen muss." (Z. 293-294)
UK 3.1	Anforderungsart	Art der pädagogischen Anforderungen im Wandel der Zeit	„Ich muss viel mehr offene Arbeitsformen und auch Differenzierungsangebote in meinen Unterricht einplanen. Das frontale Unterrichten findet in der Grundschule eigentlich nur noch in Einführungsphasen statt. Es gibt viele verschiedene Sozialformen, Gruppen- und Partnerarbeit, Lernen an Stationen usw. wird verstärkt in den Unterricht integriert. Man muss variantenreicher arbeiten, viele „[...] [A]ufgrund der hohen Heterogenität innerhalb der Klassen [muss man] eigentlich immer differenzieren." (Z. 963-964) „Der Erwerb von Kompetenzen ist jetzt wichtiger geworden." (Z. 1002-1003) „Und am Ende des vierten Schuljahres sollen die Kinder dann aber möglichst doch alle

UK 3.2				
Neue Medien	Neue Medien als An-/Herausforderung für den Unterrichtsalltag	„Also müssen wir mit der Zeit gehen und die Medien in den Unterrichtsalltag integrieren. Es ist aber auch sinnvoll, den Kindern beispielsweise den richtigen Umgang mit Medien näher zu bringen. Auch auf Gefahren aufmerksam zu machen usw." (Z. 306-309)	„Für uns heißt das natürlich, dass wir auch Computerschulungen machen müssen, uns Lernprogramme anschauen müssen, mit Beamer und Overheadprojektor umgehen müssen usw. Manchmal ist das gar nicht so einfach. Es wird aber inzwischen einfach erwartet." (Z. 309-313)	„Ich habe mir schon vor Jahren von Bekannten oder Firmen	„Ich denke, da bin ich ein wenig im Vorteil gegenüber älteren Kolleginnen [...]." (Z. 979)

„[...] [I]ch glaube, dass es nach und nach schon sinnvoll ist, die ganzen neuen Medien einzusetzen. Die Kinder werden damit groß und später im Beruf werden diese Kenntnisse ja mittlerweile vorausgesetzt." (Z. 983-985)

„Aber hier bräuchte man dann auch wieder eine Fortbildung für das ganze Kollegium." (Z. 990-991)

„Was ich nicht befürworte sind so Dinge wie Autokorrektur und der permanente Einsatz von Taschenrechnern. Die |

Phasenwechsel anbieten, dass die Kinder bei der Sache bleiben." (Z. 287-293)

Grundrechenarten, die Zeiten und die Satzglieder drauf haben [...]." (Z. 971-973)

			Computer abgeteilt, um sie im Klassenraum zu haben. Die Kinder können dann, gerade im Sachunterricht, zeitnah recherchieren. Das empfinde ich als zeitgemäß." (Z. 321-324)	*Schüler müssen richtig schreiben [und] rechnen lernen."* (Z. 991-995)	In diesen Bereich fallen lediglich die 'Sonderheiten', die sich durch die neuen Anforderungen ergeben und somit die klassische Stoffvermittlung (bei gleichzeitiger Differenzierung) erschweren.
UK 3.3	Binnendifferenzierte Wissensvermittlung	Problematik der klassischen Stoffvermittlung bei gleichzeitiger Differenzierung	*„Also heute steht ja nicht mehr so die Stoffvermittlung im Mittelpunkt, sondern die der Kompetenzen. [...] Früher musste ich beispielsweise eine bestimmte Anzahl an Themen auf jeden Fall behandelt haben. Heute gibt man die Themen nicht mehr so vor. Man geht davon aus, dass ein Thema exemplarisch für viele Themen steht und die Kinder einfach bestimmte Kompetenzen innerhalb der Einheit erwerben sollen und können. Diese können sie dann im Idealfall auf alle anderen Themen übertragen und anwenden."* (Z. 328-336) *„[...] ich war noch nie ein Fan von dieser „Gleichmacherei", weil sie eigentlich gar nicht wirklich*	*„Letztlich musst du sehen wo die Kinder stehen und wo du sie im Optimalfall hinbringen kannst."* (Z. 1007-1008)	

UK 3.4		
Inklusion		*funktionieren kann. Grundsätzlich muss man viel flexibler und offener werden und sich auch von manchen Dingen schlicht verabschieden."* (Z. 341-344)
		„Man hat halt immer ein wenig Angst, nicht alles mitzubekommen, wenn die Schüler so frei arbeiten. Man kann bei dieser Art zu arbeiten einfach nicht jede Rechenaufgabe kontrollieren." (Z. 352-354)
		„Und trotz aller guten und sinnvollen Neuerungen, greife ich nach wie vor auch gerne auf Altbewährtes zurück, das verbietet mir ja letztlich auch niemand." (Z. 357-359)
	Veränderung des Alltags durch inkludierte Schüler	*„Also Inklusion finde ich sinnvoll unter bestimmten Bedingungen und bei bestimmten Kindern. […]. Ich bin aber absolut der Auffassung, dass manche Kinder besser aufgehoben wären in der Förderschule, zum Beispiel die mit*	*„Grundsätzlich ist die Idee sicher gut, weil sicher einige dieser Kinder integriert werden können, […] aber so wie das jetzt abläuft ist es für alle Beteiligten nicht sinnvoll."* (Z. 1031-1034)

einem Down-Syndrom. Sie können dem Unterricht schlicht nicht folgen und bleiben einfach Außenseiter." (Z. 388-399)

„Wenn wir schon inkludieren müssen, dann sollte aber im Krankheitsfall sofort Abhilfe geschaffen werden. Es kann nicht sein, dass wir dann hier an der Regelschule alleine vor uns hinwursteln und eigentlich kein richtiger Unterricht mehr stattfinden kann." (Z. 412-415)

„Die Inklusion ist eine der Herausforderungen die mir, und ich glaube ich kann da für die meisten Kollegen sprechen, die uns mit am meisten zu schaffen macht und eine enorme Mehrbelastung darstellt. Das Ganze hat sicherlich einen gut gemeinten Hintergrund, die Idee an sich ist gut, die Bedingungen sind aber so schlecht, dass man schnell seinen guten

„Aber oft sind die Helfer nicht einmal die Hälfte der Zeit da oder sie werden krank und es kommt kein Ersatz." (Z. 1037-1038)

„Diese Kinder brauchen viel mehr Aufmerksamkeit als andere [...]." (Z. 1040-1041)

„Ehrlich gesagt habe ich auch keine Erfahrung mit diesen Kindern. Ich kenne auch die ganzen Krankheiten nicht wirklich. Also muss ich mich in meiner Freizeit schlau machen. [...] letztlich muss ich ja doch wissen was hinter diesen ganzen medizinischen Begriffen steht." (Z. 1044-1049)

UK 3.5			
Flüchtlingskinder	Veränderung des Alltags durch Flüchtlingskinder	„Für so etwas muss man eigentlich auch ausgebildet sein, denke ich. Ja, auch hier fühlen wir uns allein gelassen." (Z. 473-474) „[…] ich denke natürlich schon, dass es auf Schulen eine Auswirkung hat und das man da mehr Ressourcen reinstecken müsste, um den Kindern einen guten Deutschunterricht zu ermöglichen. Nicht immer outsourcen, sondern die Kinder in einer richtigen Klasse fördern. Es ist für alle Beteiligten eine große Herausforderung." (Z. 461-465)	„Jetzt ist es eigentlich so, dass es in den meisten Klassen bei zwanzig Schülern oft nur noch drei oder vier deutsche Kinder gibt." (Z. 1059-1060)

Willen verlieren kann." (Z. 426-430)

„Für Kinder mit Inklusion ist die Unterstützung viel zu gering." (Z. 437)

UK 3.6	Neue Anforderungen	Neue Anforderungen infolge der Heterogenität als Hindernis für gute Unterrichtsvorbereitung	„Diese neuen Anforderungen muss ich mir in der Regel selbst beibringen und auch die meisten Fortbildungen kosten Geld, auch wenn man sie später von der Steuer absetzen kann, und finden zumeist in meiner Freizeit statt." (Z. 295-298)	„Man hat einfach keine Zeit und Kraft mehr dafür." (Z. 1083-1084)
			„In der Regel fehlt es der Schule immer am nötigen Budget, um die ganzen Vorgaben mithilfe von innovativen Lern- und Lehrmitteln umsetzen zu können. Das ist dann auch oft eine echte Herausforderung und erfordert einiges an Phantasie unsererseits." (Z. 298- 301)	„[...] vieles was ich eigentlich im Unterricht und im Laufe einer Einheit mit den Kindern machen will, fällt dann anderen Dingen zum Opfer. Und das geht eigentlich allen so." (Z. 1086-1088)
			„Das was mir am wichtigsten ist, nämlich guter und motivierender Unterricht, bleibt oft mangels Zeit für eine grindliche Vorbereitung auf der Strecke. Das mach mich oft unzufrieden. Eigentlich hat man immer das Gefühl nie fertig zu werden. Man bekommt immer mehr	

| UK 3.7 | Studium & Referendariat | Vorbereitung auf neue Aufgaben in der Praxis | „Eigentlich hat man für die Unterrichtsvorbereitung immer weniger Zeit, da man viel zu sehr mit anderen Dingen beschäftigt ist. Auch das Schreiben von Förderplänen, Gespräche mit Eltern, mit dem Jugendamt, mit Förderausschüssen usw. rauben einem unheimlich viel Zeit. Ständig hat man Konferenzen und Dienstversammlungen und wenn man nach Hause kommt, sind schon wieder schulische Nachrichten in der Mailbox. Ich arbeite Vollzeit, da hat man ja auch keine Freistunden, in denen man mal Unterricht vorbereiten könnte." (Z. 478-484)

„Das Studium ist viel zu abgehoben und theoretisch. Gerade das Studium für Grundschullehrer halte

„Insgesamt war das [die schulpraktischen Studien] wirklich eine viel zu knappe |

aufgebürdet und gleichzeitig sieht man doch zu selten wirkliche Erfolge. Das ist oft sehr frustrierend." (Z. 493-498)

	während des Studiums/Referendariats	„ich für sehr fragwürdig. Da werden Dinge abverlangt, die nichts mit unserem Job zu tun haben, nicht mal im weitesten Sinne." (Z. 504-507)	„Zeit, um eigene Erfahrungen zu sammeln und ich hätte mir wirklich mehr Praxisbezug gewünscht [...]." (Z. 722-724) „Also ich glaube, dass das Studium an sich, je nachdem wie es jetzt umstrukturiert wird, schon eine gute Vorbereitung sein kann, man sollte aber auf jeden Fall versuchen ein Praxissemester einzubauen." (Z. 737-739)	
OK 4	**Kooperation an der Schule**			
UK 4.1	Kooperation	Art der Kooperation an der Schule	„Wir koordinieren regelmäßig innerhalb des Jahrgangs und helfen uns eigentlich alle mit Unterrichtsmaterialien aus. Das läuft sehr gut und unproblematisch. Auch die Zusammenarbeit mit der	„Also ich wurde hier sehr herzlich aufgenommen und alle im Kollegium verstehen sich wirklich gut. Es gibt keine Grüppchenbildung [...]" (Z. 1125-1126)

				Schulleitung läuft gut." (Z. 522-524)
UK 4.2	Fortbildungen	Fortbildungen innerhalb des Kollegiums	*"Für alle eigentlich nur im Rahmen eines pädagogischen Tages. Sonst muss jeder selbst nach passenden Fortbildungen schauen."* (Z. 534-535)	*"Ja, aber eher im Rahmen pädagogischer Tage. Ich schließe mich aber gerne mit Kolleginnen zusammen und wir besuchen gemeinsam Fortbildungen."* (Z. 1157-1159)
			"Hätte man mehr Lehrkräfte, ließe sich vieles besser gestalten, in allen Bereichen." (Z. 544-545)	*"Ich würde gerne mehr Fortbildungen machen, aber es fehlen die Zeit und die Kraft dazu."* (Z. 1166-1167)
				"[M]an hat dann auch mal ein schlechtes Gewissen gegenüber Kollegen, wenn die dann Vertretungsunterricht machen müssen." (Z. 1168-1169)
UK 4.3	Unterstützung	Unterstützung seitens der Schulleitung	*"Ich kenne Fälle, da haben Kolleginnen weinend im Lehrerzimmer gesessen, weil sie von Eltern regelrecht fertig gemacht wurden. Da ist dann	*"Unsere Schulleitung unterstützt das auch. Allerdings sind ihr Fortbildungen in den Ferien oder am Wochenende	Die Unterstützung seitens der Schulleitung in Bezug auf

OK 5					
		„natürlich auch die Schulleitung gefragt, die muss dann eigentlich eingreifen und hinter der Lehrkraft stehen." (Z. 238-241) *„Und bei Problemen steht die Tür immer offen." (Z. 552-553)*	*natürlich lieber." (Z. 1163-1164)*		Fortbildungen fallen in diesen Bereich.
Lehrerbild in der Gesellschaft	Wandel des Lehrerbilds in der Gesellschaft infolge neuer Anforderungen	*„Zum einen hat sich das Bild durchaus positiv gewandelt, weil ich den Eindruck habe, dass viele Menschen inzwischen den Beruf des Lehrers besser achten." (Z. 559-561)* *„Zum anderen sehe ich da aber auch diese andere Entwicklung unter der Elternschaft. Weder noch Kinder haben Respekt vor uns oder unserer Arbeit. Sie treten uns häufig se hr aggressiv gegenüber, drohen selbst bei nichtigen Anlässen gleich mit dem*	*„[...] neue Leute kennenlerne, [...] eigentlich immer gleich der Hinweis auf die langen Ferien, [...] und dann erst die hohe Pension." (Z. 1176-1179)* *„[...] [D]ie meisten Leute haben nicht wirklich Ahnung, was alles mit dem Lehrerberuf zusammenhängt." (Z. 1186-1187)* *„Die sehen eigentlich immer nur den Unterricht. Die sehen eben nicht, dass ich ganz häufig erst gegen vier oder fünf Uhr nach Hause gehe und ich*		

Anwalt oder dem Schulamt." (Z. 591-594)

dann oft immer noch nicht mit meiner Arbeit fertig bin. Außerdem kann man, wenn man mit Kindern arbeitet, nicht einfach alle Sorgen und Probleme vor der Haustür ablegen." (Z. 1187-1891)

"Und sicherlich sehen Deutschlandweit schon viele Menschen, dass wir immer mehr zu leisten und bewältigen haben. Aber ja, ich fühle mich schon manchmal ungerecht behandelt." (Z. 1229-1231)

"Die Erwartungshaltung der Gesellschaft ist leider einfach unrealistisch." (Z. 1231- 1232)